모든 연령의 아동을 위한

미술치료

치료사들을 위한 요리책

Herbert I. Abrams & Heather Pearman 저

옥금자 옮김

圖書出版 하나醫學社

ART THERAPY FOR CHILDREN OF ALL AGES

A cookbook for therapists

이 책을 옮기며

이 책을 번역하게 된 동기는, 대학원 강의에서 그리고 수년 동안 미술치료사들을 교육감독 하면서 느꼈던 치료기법에 대한 치료사들의 갈증과 치료사들을 좌절하게 하는 피상적 이해, 종종 일어나는 치료사들의 작품접근의 왜곡성에 대한 나의 염려를 감소시켜줄 수 있을 거라는 기대로 시작되었다. 미술치료에 대한 기법은 몇 가지 번역서와 저서들이 이미 출판되어있을 뿐만 아니라, 내가 지은 '청소년임상방법론' 에서 74개의 청소년을 위한 치료기법을 소개하고 있고, '집단미술치료방법론 I(이론과 기법)' 에서도 대상자의 기능수준에 따라 75개의 집단치료기법을 소개하면서 각 기법이 갖는 효과성과 목표별 주제별 접근을 제시하고 있다.

그럼에도 27개의 기법을 담고 있는 '모든 연령의 아동을 위한 미술치료- 치료사를 위한 요리책' 을 특별히 선택하고 번역하고 싶었던 가장 큰 이유는, 이 책에서 발견한 저자의 임상가적 특성 때문이다. 국내에 번역되어 나와 있는 기법책의 공통적인 특성이 어떻게 작업을 진행하는지 방법과 활동에 초점을 두고 있는 반면에, 이 책은 접근의 목표에서부터 시작하여 방법과 사후에 무엇을 유의해야하는지 뿐 아니라, 해석과 각 작업과정에서 노출될 수 있는 이슈들을 다루고 있어서, 치료사들이 공통적으로 고민하고 아쉬워하는 부분들을 세세하게 알려주고 있다는 장점과 차별성을 가지고 있다. 또한 지금까지 내가 저술해 왔던 책들이 일반인의 미술치료 호기심을 해결하고 자기체험과 방법을 제시하는 것과는 다르게, 미술치료의 전문성을 강조하고 전문영역으로서의 치료방법론을 제시하려고 노력했던 특성과 잘 이어질 수 있는 내용이라는 점이 내가 이 책을 번역하고 싶었던 또 하나의 이유이기도 하다. 또 다른 특성적 이유는, 이 책을 사용하는 치료사가 미술치료경험이 풍부하면 할수록 이 책의 내용은 개인의 치료접근에 더욱 풍요로움을 더해주는 창조적인 요리책이 될 것이라는 신뢰 때문이다. 반면에 아직 경험이 많지 않은 치료사가 사용한다면, 이 책은 미술치료를 안전하게 체험하도록 보호의 울타리가 되어줄 것이며 치료접근의 자상한 안내지침이 되어줄 것이라는 기대를 갖게 했기 때문이다. 이 책을 번역하기로 결심하게 한 마지막 특성은, 치료사가 아동을 만날 때 가장 두

드러진 이슈가 치료사의 아동기 갈등을 벗어날 수 없다는 전이문제의 노출인데, 이 책에서 제시하고 있는 체험적 자기경험으로 따라가다 보면 아동기의 경험은 물론 아직 남아있는 심연의 자기탐구와 치유 또한 가능해질 거라는 기대와 경험을 통한 확장된 자기만의 창조적 기법을 구성해갈 수 있는 여지 또한 풍부하다고 느꼈기 때문이다.

이 책이 미술치료사의 경험을 더욱 풍부하게하고 치료적으로 접근하는 안내서가 될 수 있으리라 기대하며, 치료대상인 아동을 돕는데 의미 있게 사용되기를 바란다.

이 책을 번역하는 과정에서 독자의 입장에서 읽어주고 전문가의 입장에서 독자들이 쉽게 이해할 수 있도록 수정작업을 도와주신 민정인선생님께 감사드리고, 무엇보다 나를 믿어주고 신뢰하며 함께해 준 수년간의 동반에 감사드린다. 늘 인간미 있는 따뜻함으로 지지해주시고 이 책이 한국판으로 나올 수 있도록 도와주신 하나의학사의 오무근사장님께 감사드리고 편집을 도와주신 모든 분들께도 감사드린다. 마지막으로 이 책을 번역하는 과정에서 작품시간을 쪼개어 해석상의 어려움을 살펴봐주고 나의 부족함을 채워준 남편에게 감사와 존경의 마음을 전하고, 엄마의 빈자리에서도 예쁜 마음을 잃지 않고 꿈을 키워가고 있는 막내딸 혜천이와 각자의 자기 길을 잘 가고 있는 나의 아이들 현준, 혜원, 현성, 혜진에게도 사랑과 고마움을 전한다.

2010년 1월

유난히도 많은 눈이 내린 겨울에 남산을 바라보며

옥금자

저자 추천사

한국의 심리치료사들과 그 외에 관련된 사람들을 위한 출판용으로 "모든 연령의 아동을 위한 미술치료"를 보내달라는 부탁을 받았을 때, 나는 미술치료에 대해 확신을 가진 세계전역의 다른 실천가들에게, 미국 내의 치료사들처럼 미술치료에 대한 개인의 능력과 경험하고 싶은 욕구를 불러일으키는 것이 얼마나 대단한 일인지 생각하게 했다. 나는 이 책이 대부분의 심리학적인 책들과는 다르며 따라서 언어에 의한 연구라기보다는 오히려 "방법"이상의 것이라는 것을 깨달았다. 우리가 알고 있듯이, 미술치료는 의식적 무의식적인 정신생활의 모든 영역에서 비언어적으로 경험된 의사소통이다. 나는 현재 개인 치료실에서 근무하고 있으며 15년간 대학교에서 대학원생들의 심리학을 강의했다. 이 자료의 유용성에 관해서는 이미 환자와 학생들에 의해 검증되고 높은 평가를 받았다.

미술치료를 위한 일련의 테크닉과 형식을 구성하고 있는 아이디어는 비교적 새롭고, 유망하고, 혁신적이다. 초등학교 교사로서의 나의 첫 몇 년간은 아동에 대한 자기 표현적 사고의 다양성을 개발할 동기를 부여했다. 이 책에 소개 된 미술치료는 실천하기에 매우 평이하게 단순화되어 있어서 쉽고, 개인이 여러 가지 활동에 참여하도록 조성하므로 즐거운 기분이 되게 한다. 특히 언어를 사용하지 않고 종이위에 마음대로 스스로를 표현하게 하는 그러한 미술치료의 특성적 방법은 아동, 청소년, 성인에게 풍부한 심리적보상이 된다.

우리들의 생각과 아이디어를 치료대상자들에게 도움이 되는 방향으로 활용하기 바란다. 지금은 여러분이 이 프로젝트를 가지고 그대로 따라 가보는 것으로 시작하여 우연히 일어나는 경험을 탐구해 볼 수 있는 기회이다. 여러분은 거의 반세기동안 나의 인생을 통하여 의미 있게 경험하고 도출된 긍정적인 결과를 경험할 것이다. 나는 이러한 정보를 한국의 전문가들과 기꺼이 공유하며 미술치료를 경험하는 그들의 삶에 질을 높이리라 믿는다.

Herbert I. Abrams, Ph.D.

2010. 1

모든 연령의 아동을 위한 미술치료

저자들에 대하여

Herbert I. Abrams는 Alliant International University에서 인간행동에 관한 박사학위를 받았다. 그는 Whittier College에서 학사학위를 취득했고 University of Southern California에서 이학석사와 교육학석사를 취득했다. 에이브럼스박사는, 1970년 이후, California, California, Los Alamitos에 있는 사설진료소에서 심리치료사로 근무해왔다. 또한 Pepperdine University 교육심리대학원에서 부교수로 15년간 근무했으며 Alliant International University에서는 박사학위과정을 강의했다. Abrams박사는 캘리포니아 가족치료협회의 임상회원으로서 미국의 부부 및 가족치료협회의 임상회원이며 과거에는 California지역 위원회의 회원이기도 하다.

Abrams박사는 아동청소년 분야를 전공했고 개인, 성인, 가족, 부부를 치료한다. 그는 교사와 학생간의 인간관계와 학생과 교사들 간의 인간관계를 다룬 인본주의적 심리학 분야에 관한 책을 출판하였다. 그는 또한 교육저널에 미술치료 관련 기사들을 쓰기도 했다.

Heather Pearman은 가족치료사이며 심리학 학사학위와 상담심리학 석사학위를 받았고 임원회가 공인한 등급의 분노관리와 양육에 대한 강의를 한다.

히더는 카운슬링센터뿐만 아니라 캘리포니아, 로스 앨러미터스에 사설진료소에서 건강을 회복하기 원하는 사람들을 위해 일해 왔다. 그녀는 위기에서 벗어나기 위해 가출한 청소년을 위한 단기수용시설인 카사 청소년쉼터에서 1000시간 이상을 카운슬러로서 자원봉사를 했었고, 그 이후에는 지역사회 자원봉사 책임자로 근무했었다. 또한 히더는 6년 동안 그레이스 브레드런 교회(Grace Brethren Church)에서 아동성직자들의 지도자로 근무하기도 했다.

히더는 아동청소년에게 가족체계투사법을 적용하여 부모의 갈등으로 고통을 겪는 청소년을 전문적으로 도와왔고, 개인치료와 부부치료를 위한 정신역동뿐 아니라 인지행동기법에 있어서도 많은 경험을 가지고 있다.

감사의 말

Herbert I. Abrams, Ph.D.

나는 이 책이 나오기까지 도움주신 Lois Abrams, Ph.D.에게 사의를 표하고자 한다. 그녀는 수정되어야할 부분에 대해 조언하고 제안할 뿐 아니라 성공적인 출판을 위해 귀한 시간을 아끼지 않고 도움을 제공했다. 이 책이 완성되기까지 귀한 정보를 제공해준 그녀에게 감사하며 무엇보다 우리의 진실한 관계를 소중하게 생각한다. 그리고 몇 가지 테크닉에 대한 아이디어를 제공하고 지지해준 나의 딸 Floree Lucas에게도 감사하고 싶다.

Heather E. Pearman, M.A.

먼저 전문가로서 인간으로서 헌신적으로 나를 도와준 Herbert와 Lois Abrams에게 감사드린다. 이 프로젝트는 하나님이 나에게 주신 선물을 사용할 기회가 될 뿐 아니라 또한 큰 축복이었다. 뿐만 아니라 더없이 많은 지지와 격려로 용기를 준 나의 남편과 아이들에게 감사의 마음을 전한다. 또한 이글을 읽는 여러분의 가족에게 신의 은총이 있기를 빌면서 이러한 치료를 위한 노력에 함께 한 것에 대해 감사한다.

프로젝트를 위한 목차

잘 준비된 치료사

변화는 당신의 상상력만큼 끝이 없다…

미술은 마음가짐과 함께 시작된다. 이 책을 통하여 당신이 무엇인가를 하려고 시도한다면, 이 책에서 예측하지 않았던 의외의 모험을 하게 될 것이다. 소개된 이 기법이 당신의 창의력과 치료 스타일에 익숙해지고 자유로워진다면 더욱 더 의미 있는 것으로 검증될 수 있을 것이다. 여기에 소개된 기법으로 실험을 할 때, 당신은 스스로 주어진 프로젝트의 방향과 재료의 목록에서 자신이 일탈하고 있다는 것을 직감하게 될 것이다. 미술치료는 그 자체가 기술이며 그것은 치료사의 창조력과 재능에 대한 과정을 나타낸다.

개인들과의 만남에서 긴장을 풀고 즐겨라. 미술품의 창작과정은 결과물인 작품보다 더 중요하다. 만일 아동이 설명을 이해하지 못하거나 제시된 것보다 오히려 다른 매체를 사용하는 것을 원한다면 그렇게 하도록 허락해도 된다. 우리는 관찰을 통해서 많을 것을 배울 수 있다. 아동의 작업을 주의 깊게 관찰함으로써, 치료사는 그들의 움직임과 태도, 사고, 감정, 집중, 관심의 수준을 이해할 수 있을 것이다.

여러 가지 다양한 재료들을 가까이에 두어라. 거의 모든 매체나 일상의 용품들은 미술 프로젝트에서 유용하게 사용될 수 있다. 기본재료인 연필과 크레용 이외에, 알루미늄박의 길고 가느다란 조각은 가면이나 작은 인형들에 덧대어 사용할 수 있고, 다양한 색의 미술공작용 색지는 아름다운 물고기를 배열하는데 쓰여 질 수 있으며, 덧댄 장식용 금속판은 인사장을 빛나게 할 것이다. 당신의 클라이언트인 아동들이 다양한 것들을 더 많이 원하면 원할수록 그리고 재료를 충분히 제공할 수 있다면 아동들은 보다 더 구체적으로 자신의 감정을 더욱더 잘 표현해낼 수 있을 것이다.

치료에 필요한 미술재료들은 어디에나 있다. 치료도구로서 미술을 활용하는 것에 마음이 편안해지면, 당신은 어디에서든 치료를 위한 재료들을 발견하기 시작할 것이다. 리본 자투리나 실타래 남은 것은 당신의 미술재료상자에 들어갈 보물이 될 것이다. 종이, 마커펜, 연필, 크레용과 같은 품목들을 준비하는데 들어갈 비용을 절감시켜줄 수 있는 늦여름의 학용품 세일에 관심을 가져라. 공예품점들도 계절이 바뀌는 시점에서 계절이 끝난 재고품목에 대해 세일을 할 것이다. 또한, 실용성있는 값싼 물건들을 수집하면서 당신의 집이나 사무실을 둘러봄으로써 마음 편하게 즉석에서 자유롭게 만들어 보면 흥미로운 경험을 할 수 있을 것이다. 아동들은 특히 자신들이 평소에 흔히 사용했던 재료와는 다른 재료들을 사용하면서 재미있어할 것이다. 미술을 치료로서 활용하는 기능들에 대해서 당신이 신뢰할 수 있다면, 치료과정에서 경험되는 시행착오는 좋은 안내자가 될 것이다.

각 개인은 독특한 자기만의 재능들을 가지고 있다. 당신의 치료실에 들어온 아동은 각기 다른 타고난 재주, 관심, 재능들을 가지고 있으며, 이들의 차이점은 그들이 만든 미술품에 나타날 것이다. 그러므로 당신이 만나는 아동이 만든 창작품은 이 책에 나온 실례와는 다소 다르게 보일 수도 있다는 것을 염두에 두어야 한다. 만약 당신이 주의가 산만한 어린 아동을 만난다면, 프로젝트를 자르거나 집중하게 돕고 싶을 지도 모른다. 몇몇 어린 아동들은 각각 다른 단계의 프로젝트에 참여하기를 원할 수도 있다는 것을 이해하라. 치료의 효과성을 위해서는 아동치료에 대한 이해와 지식을 가지고 전문적인 훈련을 받아야 한다.

기회를 터득할 뿐 실수는 없다. 이들 프로젝트를 활용한 미술치료를 통해서 당신은 자신이 치료한 사람들과 당신 자신 스스로를 더 잘 이해할 수 있을 것이다. 아동이 프로젝트를 수행하기 거부하거나 프로젝트를 달성할 집중력과 기능을 가지고 있지 않다 해도, 그것은 치료사로서 당신의 능력에 불명예를 초래하는 결과를 가져오는 일은 없을 것이다. 그러므로 치료사는 아동이 자기를 보호하기위해 드러내는 어떠한 방어에도 그들의 갈등을 이해하고 견고하게 그 자리를 지킬 수 있어야 한다.

말문 열기

"껍질은 새가 날 수 있기 전에 깨져야 한다."
Tennyson

아동과 청소년을 치료하고자하는 바램은 치료사의 숭고한 마음이지만 동시에 치료의 출발점을 찾는 것이 쉬운 일은 아니다. 그것은 모든 치료관계에서 중요한 것으로서, 개방된 의사소통을 위해 행동을 취하고 신뢰관계를 위해 노력하는 것은 치료관계에서 달성해야하는 중요한 치료적 요소이다. 처음 치료실을 방문한 아동에게는 당신의 치료실이 낯설고 위협적인 환경일지도 모른다는 것을 명심하라. 다음 프로젝트들은 당신과 아동 두 사람이 갖게 되는 첫 만남의 시작을 자연스럽고 편안하도록 도와줄 것이다. 또한 저항적인 청소년에게서 있을 수도 있는 의혹과 불신의 벽을 허무는데 도움이 되는 도구들을 제공할 것이다.

상상의 동물들

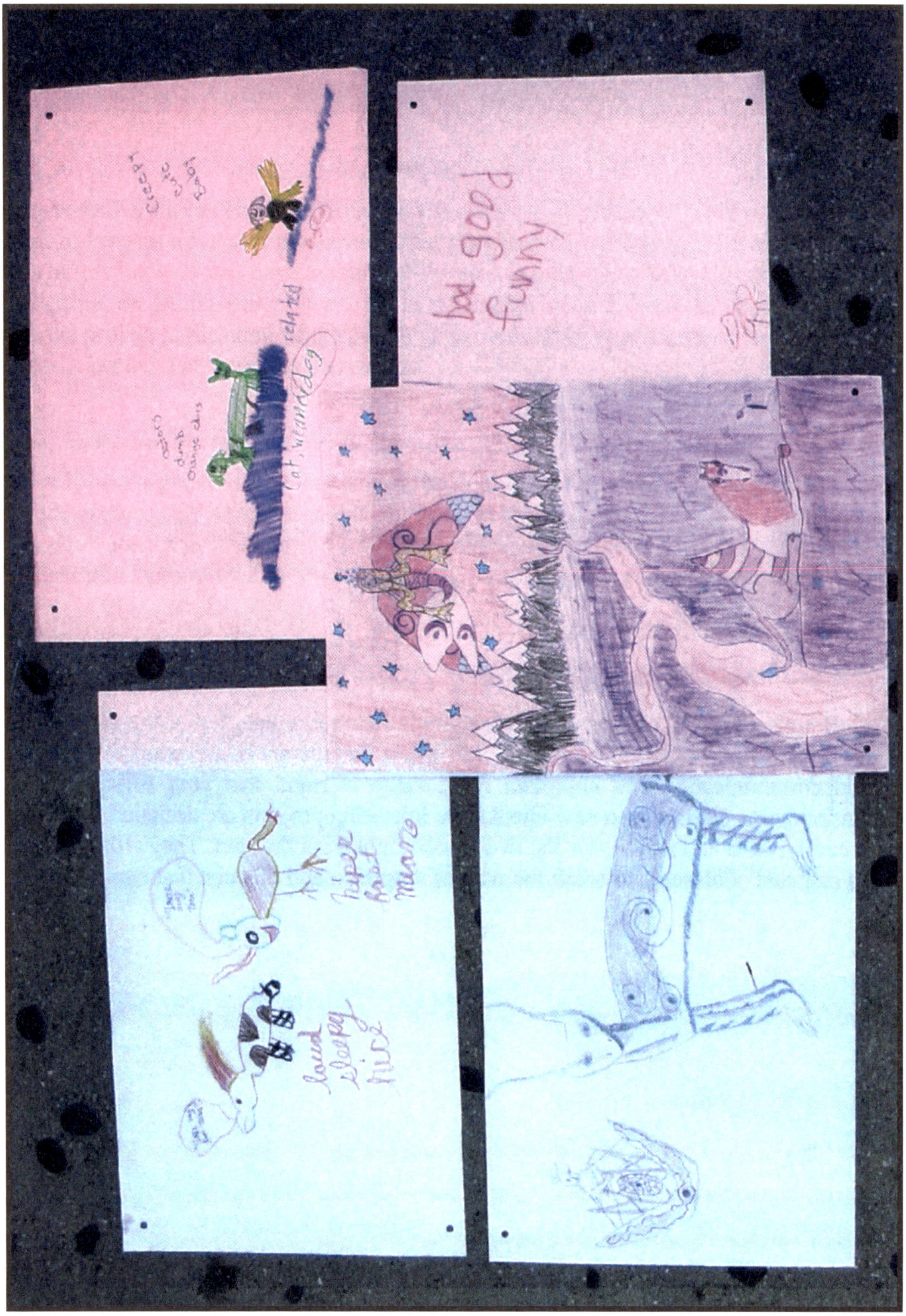

상상의 동물들

"희망이란 영혼 속에 앉아 있는 깃털처럼 움직이는 어떤 것이다."

Emily Dickinson

목표

- 5세에서 성인에 이르기까지의 모든 연령에게 사용할 수 있는 활용매체를 제공한다.
- 치료사와 아동과의 관계를 향상시킨다.
- 내 • 외적 자아에 대한 역동적 통찰, 토론, 대화를 증진시킨다.
- 치료 과정과 처치를 위한 미술활용의 모든 저항을 극복하도록 돕는다.
- 비밀스러운 내면의 자기탐색 기회가 된다.
- 개인내부에 숨겨져 있던 갈등을 드러내게 한다.

재료

☆ 12×18이나 12×18(혹은 그 이상 큰) 도화지

☆ 크레용, 색연필, 마커펜 혹은 파스텔

☆ 그림을 그릴 때 움직이지 않는 테이블이나 큰 판자

과정

- 종이를 아동 앞에 수평으로 펼쳐 놓는다(가로방향 유형).
- 아동이 종이를 반으로 접거나 제공된 미술용품을 사용하여 종이 어디에나 상상의 동물 두 마리를 그리도록 요청한다(여기서는 앞서 보인 상상의 동물들을 표현할 필요는 없다).
- 아동에게 어떤 동물들의 단체행동을 구성하도록 권한다.
- 이것은 미술수업이 아니므로, 잘 그려야하는 부담을 갖지 않도록 격려한다.
- 시간제한은 없지만, 당신은 주어진 회기 안에 프로젝트를 마무리하기 위한 시간적 구조화의 틀을 조성하고 싶을지도 모른다.

사후

- ⋯› 아동 자신이 그린 동물들을 설명하게 한다.
- ⋯› 각 동물에 형용사들을 사용하여 기록하게 한다.
- ⋯› 각 동물에 대한 표현과 정서적인 경험에 관해서 질문한다.
- ⋯› 동물들 간의 대화를 만들도록 한다.
  - "그들은 서로 무엇에 대해서 이야기 하고 있니?"
  - "동물들은 상호간에 또는 함께 무엇을 하니?"
  - "두 동물의 차이점이 무엇인지 말해보겠니?"
  - "그들의 유사점은 무엇이니?"
  - "이들 동물이 너와 유사한 부분이 있다면 어떻게 같으니?"

해석

양극성: 자아와 대조적인 양극의 갈등에 유의하라. 무엇이 아동개인의 반대적인 면인지에 대해 주의하라(한 동물은 좋고 또 한 동물은 비열하다). 몇몇 아동들은 상대에 대해 지나 친 표현을 사용할지도 모른다.

부분: 동물들이 모두 함께 있는지 분리되어 있는지에 대해서 살펴보아라. 아동이 생략된 부분들을 어떻게 느끼고 있느냐가 중요할 때가 종종 있다. 예를 들면, 동물의 입이 생략된 것은 아동자신이 현재 의사소통이 어렵다는 것을 알고 있다는 것을 암시한다. 귀가 없는 것은 아동이 듣고 싶지 않거나 듣지 못한다는 것을 시사할지도 모른다. 손이나 발이 생략된 것은 자신을 지지하는 도움체계가 없다는 감정을 나타낼 수도 있다. 날개는 아동이 괴로움으로부터 멀리 날아가고 싶다는 충동을 말할 수도 있다.

태도: 만약 동물들이 서로 떨어져서 외면하고 있다면, 그것은 미해결된 아동의 갈등을 의미하는 것일지도 모른다. 만약 동물들이 땅에 서있지 않다면 불안과 지지체계가 없다는 감정이 반영된 것일 수 있다.

크기: 동물의 크기를 통해서 개인이 중요하다는 의미를 통찰할 수도 있다. 몇몇 작은 동물들은 낮은 자존감을 가진 자기를 나타내고, 큰 동물들은 아동의 과대한 자기와 관련된 메시지 일 것이다.

“나”에 관한 가방

"나"에 관한 가방

"삶이 먼저이고 인생은 나중에야 이해할 수 있게 된다."
Soren Kierkegaard

목표

- 치료사에게 아동의 관심이 무엇인지 이해하게 한다
- 아동이 자신의 감정에 대해 탐색하는 기회를 갖게 한다
- 아동의 장점을 발견한다
- 자존감의 수준을 평가한다

재료

☆ 갈색 포장봉지

☆ 마커펜, 크레용, 파스텔, 색연필 또는 집단동작

☆ 스티커, 색종이, 리본, 깃털 또는 철심과 같은 장식품목

☆ 16절지 장식 없는 흰색종이 한 장을 8내지 16장으로 자른 것

☆ 흰색 목공본드

☆ 테이프

☆ 호치키스

☆ 구멍 하나짜리 펀치

☆ 작업할 평평한 판자나 표면

과정

◆ 아동에게 종이가방과 미술용품을 제공한다.

◆ "이 가방으로 너를 표현하게 될거야, 여기에 있는 재료들을 사용하여 네가 하고싶은 대로 그것을 장식할 수 있어"라고 권한다.

◆ 아동이 가방을 장식하고 있을 때, 필요로 한다면 마음대로 대화할 수 있도록 하라. 분주하게 무언가를 하고 있을 때는 저항이 감소할 것이다.

◆ 가방을 장식한 후, 아동들이 좋아하거나 누군가가 그들에 관해서 알기를 원하는 것 한 가지를 각자의 종이쪽지에 기록하도록 하라. 한 단어로 된 용어

나 간단한 요약을 하도록 권할 수 있다.

◇ 아동은 치료사로 하여금 자신의 말을 받아쓰게 할지도 모른다.

◇ 또한 알리고 싶은 것들을 나타내기 위하여 치료사에게 그림을 그리게 할 수도 있다.

◇ 더 어린 아동들에게는 무엇을 구경하고 싶니? 제일 좋아하는 운동이 뭐니? 와 같은 치료사의 개입을 필요로 할지도 모른다.

◆ 이 모든 과정이 끝나면 아동에게 누군가가 자신에 대해 잘못 알고 있다고 생각하는 것에 대해 기록한 종이를 장식한 가방 속에 넣도록 한다.

사후

- 사람들이 자신에 대해 잘못 알고 있는 것을 기록한 종이를 가방에서 꺼내어 각 항목의 내용에 대해 토론 하게하라.
- 나이가 어린 아동은 치료사가 읽어줄 필요가 있을지도 모른다.
- 긍정적인 일들에 초점을 맞추도록 하라.
- 잘못 알고 있는 것을 기록한 종이 모두를 다시 가방에 넣어라.
- 회기 마지막에 아동이 자신의 가방을 밀봉하도록 안내하라. 이때 활용할 수 있는 접착제, 테이프, 철침, 구멍 뚫는 기구 및 리본을 준비해라.
- "너는 가방을 여기 두거나 집으로 가져갈 수 있고 그것을 안전하다고 느끼는 곳에 두어라"라고 넌지시 말한다.

해석

내용: 당신은 이제 아동에 관해서 훨씬 더 많은 것을 이해하게 되었다. 이 프로젝트에서 수집한 것을 자유롭게 기록하라. 아동이 성취한 것들에 대해 논의할 때 안전감의 수준이 어떠했는지 평가해라. 아동이 자신을 기술하는 16개 항목을 생각해 내는데 어려움이 있었는가? 긍정적인 일을 기억하고 아동에게 앞날의 미래에 대해 생각하게 하는 것은 흥미롭고 의미 있는 일이다(되 새겨본 "내 가방"에 대해 언급하라).

봉인: 어떤 아동들은 가방을 느슨하게 쌀 것이고, 또 어떤 아동들은 그들 자신이 알고 있는 범위 내에서 모든 접착제를 활용할 것이다. 이것은 아동이 자신에 대해

이미 알고 있는 안전에 대한 수준의 지표일지도 모른다.

보관 : 아동이 자신의 가방을 두기위해 어떤 곳을 선택하는지 관찰하라. 만일 당신에게 맡기기를 원한다면, 이것은 가정이 안전하지 못하다고 느끼는 메시지일 수도 있다. 그러나 아동이 자신의 가방을 집으로 가져가기 원한다면, 이것은 가정이 수용적이고 안전한 장소라는 의미라고 생각해도 무리가 없을 것이다.

학교에서 있었던 일

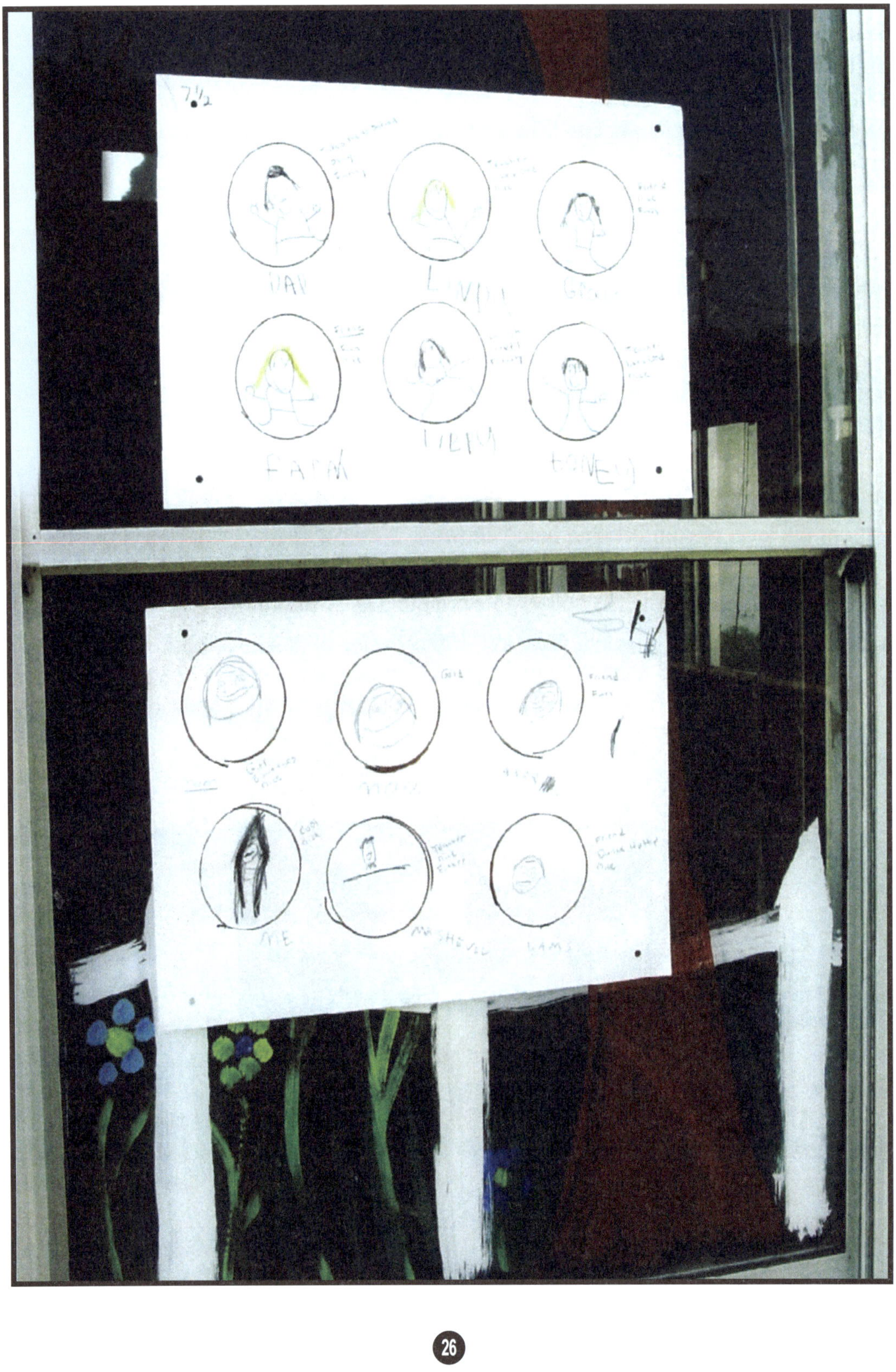

학교에서 있었던 일

"상상하는 것은 바람직한 것이지만, 발견하는 것은 더욱 유익한 것이다"
Mark Twain

목표

- 아동이 경험하고 있는 학교환경의 역동을 이해할 수 있는 정보를 얻을 수 있다.
- 아동의 학교경험에 영향을 미치는 체계들에 대해 이해하게 된다
- 또래관계와 교사와의 관계를 이해할 수 있다.
- 아동에게 갈등을 야기 시키는 심리적, 환경적 역동을 이해할 수 있다.
- 문제행동의 배경을 알 수 있다

재료

☆ 12×18 도화지

☆ 크레용, 마커펜, 색연필 또는 파스텔

☆ 검정 펠트 마커펜

☆ 작업하기 편안한 판자나 표면

과정

◆ 수평이나 수직으로, 종이를 아동 앞에 놓아라.

◆ "학교에서 네가 알고 있는 사람들을 그려보자,"고 제안하라.

◆ 네가 말하고 있는 대로, 종이에 여섯 개의 원을 그려라.

◆ 각 원 밑에, 아동이 학교에서 알고 있는 여섯 명의 사람들 이름을 쓰도록 하라.

◆ 아동이 어리다면, 치료사가 대신하여 이름을 기록해줘도 된다.

◆ "이름 위에 있는 원안에 이들 사람들을 그려보면 좋겠구나"라고 제안한다.

◆ 아동이 그림을 그리고 있을 때, 아동이 그리고 있는 사람들에 관해서 이야기 해도 괜찮다.

◇ "너는 그 친구를 얼마나 좋아하니?"

◇ "휴식시간에는 무엇을 하고 지내니?"

◇ "너의 선생님은 맘에 드니?"

사후

⋯▸ 각 그림 밑에 각각의 장면을 기술한 세 개의 긍정적인 특성을 기록하라.

⋯▸ 아동이 학교와 연관된 긍정적인 일들을 기억하도록 돕고 싶다면, 아동에게 자신이 그린 그림을 집으로 가져가 전시하도록 권해라.

해석

아동의 시각 : 이것은 아동의 갈등에 대한 해석을 배울 기회가 된다. 종종 교실에서는 표면적으로는 무해한 행동수정에 기반을 두는데 몇몇 아동들에게 이러한 접근법은 효과적이기도 하다.

내면화된 메시지 : 교사의 단순한 질책이 아동으로 하여금 "나는 정말 쓸모가 없어요. 전 바본가 봐요"와 같은 자신에 대한 부정적인 감정을 갖게 할 수 있다.

긍정적인 영향 : 아동이 학교경험에 긍정적인 기대와 희망을 가지고, 가능성에 초점을 맞추고, 긍정적인 경험을 동일시하는 것은 매우 중요한 일이다. 따라서 미술치료가 아동의 긍정적인 경험에 초점을 맞추도록 안내된다면 자존감 회복에 바람직한 영향을 미칠 것이다. 이것은 문제행동에 초점을 두어 행동변화를 유도하는 것보다 훨씬 부적절한 아동의 행동과 태도를 감소시키는 결과를 가져올 수 있다.

나의 미술 수업시간

나의 미술 수업시간

"그 연령대에 대한 지식을 가지고 탐색하라, 그러나 아동의 시선으로 세상을 보라."
Ron Wild

목표

- 치료사로 하여금 아동이 참여하는 수업상황의 흐름에 대해 알게 한다.
- 치료사와의 계속적인 일련의 대화를 가능하게 한다.
- 아동이 수업에서 느끼는 긍정적인 면과 부정적인 면을 탐색할 수 있다.
- 수업과 관련된 갈등의 범위를 이해하게 된다.

재료

☆ 12×18 종이 한 장

☆ 크레용, 색연필, 마커펜 또는 파스텔

☆ 그림 작업이 가능한 단단한 작업표면

과정

◆ 아동이나, 치료사가 종이를 8면으로 접도록 한다.

◆ "오늘은 너의 미술수업 시간을 나타내는 그림 몇 장을 그리면 좋겠구나. 수업 시간 가운데 맨 처음에 일어난 일부터 시작해서 수업이 끝날 때까지 순서대로 8개의 그림을 그려 보아라"는 말로 시작하라.

◆ 아동이 그림을 그리고 있는 동안, 어떤 일이 있었는지에 대해 토론 하도록 격려하라

◇ "이러한 일들 중에서 너를 편안하게 했던 점이 있다면 그것은 무엇이니?"

◇ "이러한 일들 가운데 너를 불편하게 했던 점이 있다면 그것은 무엇이니?"

◇ "수업시간에 가장 좋은 부분은 어떤 것이니?"

◇ "수업시간에 가장 싫은 부분은 어떤 것이니?"

사후

- ···› 아동의 장점에 대해 계속 탐색하라.
- ···› 주변상황의 갈등에 관해 토론하라.
- ···› 어려움의 범위를 확인하라
- ···› 특별 프로그램과 개별교육프로그램과 같은 프로그램에 참여할 때는 아동을 위해 부모들과 상담하라.

해석

아동의 주의를 꿰뚫어 보아라 : 이 프로젝트를 통해서 치료사는 수업에 대한 아동의 시각을 이해하고, 스트레스를 야기하는 사건에 대해 이해하기 시작한다.

갈등상황을 확인하라 : 치료사는 이 작업을 통해 아동의 갈등을 더 잘 이해할 수 있으므로 아동의 행동이 무엇을 의미하는지 더 잘 이해하게 될 것이다.

내재화된 메시지를 이해하라 : 교사들이 어떠한 아동의 행동이 문제라고 보고 의뢰한 아동들은 그렇게 낙인 된 것의 결과로서 부정적인 내면의 메시지를 가지고 있을 수 있다. 수업에 관한 작업을 통해서 아동의 부정적인 메시지는 다뤄질 수 있고, 긍정적인 메시지는 논의될 수 있을 것이다.

프로그램이나 교사에 대한 개입이 필요하다면 결정하라 : 학습적인 노력의 영역 또한 동일시되어야 한다. 치료사는 아동의 일상적인 변화나 배치 그리고 교육 프로그램이 필요하다면 이제 결정해야 한다.

나에게 가장 편안한 곳

나에게 가장 편안한 곳

"너는 네 자신을 회상하는 것만큼 스스로를 잘 볼 수 없다는 것을 알고 있을 것이기에, 너의 거울인 나는 아직 모르고 있는 네 자신을 발견할 수 있도록 안내할 것이다."

William Shakespeare

목표

- 자기위로의 능력을 평가한다.
- 관심에 대해 의식하도록 돕는다.
- 아동의 자기인식 척도를 제공한다.
- 내적 갈등을 표출시킨다.

재료

☆ 12×18 도화지 한 장

☆ 파스텔, 수채화물감 또는 색연필

☆ 드로잉이나 유화작업을 위한 단단한 표면

과정

◆ 종이를 아동 앞에 가로로 놓아라.

◆ "평화롭거나 편안하다고 생각하는 곳을 그려보자. 그것은 방만큼이나 작거나, 경치가 좋은 풍경만큼 크거나, 그 중간의 어떤 것이든 어디에나 있을 수 있다. 선택은 네가 하는 것이다"라고 말문을 열어라.

◆ 아동 스스로가 미술매체를 선택하도록 허락하라.

◆ 아동이 그림을 그리거나 채색을 하는 동안 자유롭게 대화를 하게하라

사후

⋯▸ 그림을 완성하면, 아동과 함께 전체적인 내용에 대해 나누어라.

⋯▸ 표현된 색채들에 주의를 기울여라, 그것들을 아동과 함께 논의하라.

⋯▸ 대상들의 크기와 배치에 대해서도 논의하라.

- 어느 대상이 크거나 작은지에 주의를 기울여라.

- 나무와 건물들의 표현은 특히 의미 있다.

⋯› 만약 아동이 방을 그린다면,

- 그 방안에 있는 품목을 하나하나 기술하게 하라.
- 아동은 당신에게 무엇이 소중하고, 무엇이 없고, 그리고 왜 그러한지 말할 수 있을 것이다.

해석

그림에서 사용한 특정 색채는 아동의 심리상태를 표현한 것일지도 모른다. 색채의 활용을 통해서 우리는 심리상태를 묘사하는 경향이 있다. 분노는 빨강색의 농도를 통해서 나타낼 수도 있으며, 우울감은 검정색으로 표현되는 반면에, 애매하고 차가운 청색은 슬픔을 표시한 것일 수도 있다.

항목의 내용이 어떻게 배치되는가를 통해서 메시지의 맥락을 탐색할 수 있다. 중요성에 대해 지나치게 과장된 의미를 부여하여 반응하는 아동은 대부분 자신을 불균형하게 배치하지 않는다. 낮은 자존감을 가지고 있는 아동은 배경의 먼 곳에 대상을 둠으로써 자신을 나타내기도 한다.

아동이 어떤 대상에 둔 중요성은 그의 관심사를 표현한 것일지도 모른다. 심지어 몇몇 항목의 묘사를 통해서, 치료사는 아동에게 무엇이 중요한지를 평가할 수 있을 것이다. 그림 속에서 생략된 물건들은 생략되지 않은 물건들만큼 중요할 수 있다. 설령 아동이 비디오 게임 제어기만을 그린다할지라도, 거기에는 많은 이야기가 함축되어 있을 수 있다. 어떤 치료사는 이 아동이 환상을 통해서 벗어나기 위해 비디오 게임을 즐긴다고 결론지을지도 모른다. 아동이 좋아하는 게임과 같은 특징들을 주의 깊게 관찰함으로써 우리는 많은 것을 배울 수 있다.

내면의 갈등은 종종 드로잉이나 채색 중에 나타날 것이다. 채색과 배치와 중요하게 다뤄지는 것을 통해서 내적갈등은 드러나게 될 것이다. 분노, 고립, 기쁨, 평화의 감정은 이러한 프로젝트를 통하여 나타나게 되며, 이 과정에서 치료사는 아동이 스스로를 위로하고 갈등을 처리하는 능력을 확인할 수 있을 것이다.

자존감 형성

"당신이 누구인가 되어보고 느낀 바를 말하라, 언짢게 여기는 사람은 문제가 되지 않으며, 문제가 되는 사람은 언짢게 여기지 않기 때문이다."

Dr. Seuss

자존감은 치료원리의 핵심이다. 낮은 자존감은 우울과 분노와 관련된 이슈가 있을 수 있다. 치료 환경에서 자존감의 이슈에 접근하는 것은 아동으로 하여금 문제의 원인을 다룰 기회와 극복을 가능하게 한다. 아동의 자존감이 개선됨에 따라서 당신은 아동개인이 치료를 필요로 하게 만든 부정적인 증상이 감소되는 것을 알아차릴지도 모른다. 우리는 아동이 자존감의 회복을 통해서 사용되지 않았던 잠재능력을 발견하는 것을 지켜보는 특권을 가지기도 한다.

시작하는 첫 글자

시작하는 첫 글자

"희망은 새가 여명을 지각하고 어둠이 가시기전에
정성껏 지저귀기 시작하는 것과 같다."
Unknown

목표

- "자신이 누구인지" 이해하는 것을 돕는다.
- 미술체험의 결과에 대한 신뢰를 갖게 된다
- 생활상의 일들을 긍정적으로 인식하도록 돕는다.

재료

☆ 큰 종이, 12×18 도화지

☆ 물감, 크레용, 파스텔, 마커펜, 잉크 또는 색연필

☆ 그림 작업이 가능한 단단한 표면

과정

◆ 아동에게 어두에 있는 첫 글자가 전체 페이지를 차지하도록 큰 블록체로 쓰도록 하라.

◆ 나이어린 아동이 그릴 수가 없다면 도와줘라.

◆ 아동에게 즐거운 일이나 사람들이 자기 자신에 관해 알도록 알리고 싶은 긍정적인 특성의 그림을 그리도록 권하라.

◆ 아동에게 긍정적인 특성과 활동들을 종이위에 배치하도록 허락하라.

사후

⋯▸ 아동이 종이 위를 메우는데 있어서 충분히 긍정적인 속성과 경험을 생각해내면서 특별히 힘들어하거나 쉽게 하는 부분이 어떤 것인지 파악하라.

◇ "나는 야구를 잘한다" 와 같은 외적기능이나 속성이 차지하는 비율에 주목하라.

◇ "나는 우호적이다"와 같은 외적기능이나 속성이 차지하는 비율에 주목하라.

◇ 외적인 속성과 활동 대부분이 가족이나 친구나 개인에 집중되는지 주목하라

⋯→ 아동의 긍정적인 특성은 당신이 생각하고 있는 정도와 일치하는지 파악하라.

해석

주요내용: 만약 아동이 자신의 관심사나 작업에 대해 생각하는데 어려움을 나타낸다면, 치료사로부터 도움을 받을 필요가 있을지도 모른다. 이 아동은 정서적 접촉이 전혀 안되어서 자기 자신이 누구인지 알지 못하는 그런 아동일 수 있다. 만약 아동이 자기 자신에 대해 부정적으로 표현한다면 이것은 수치와 죄책감의 신호일 수 있다. 아동이 염려와 관련하여 특별한 반응 없이 종이의 화면을 채울 정도로 충분히 생각을 해낸다면, 그 아동은 자기 자신에 대해 만족하고 있거나 긍정적인 자기상을 가진 경우일 것이다.

개인과 집단 활동: 이러한 프로젝트를 통해서, 치료사는 아동이 자신의 삶 속에서 지지적인 사람들로부터 받는 기쁨의 수준을 측정할 수 있을 것이다. 만약 아동이 표현하는 모든 그림속의 활동이 집단 활동으로 이어진다면, 어쩌면 그 아동은 혼자일 때 경험한 부정적이고 고통스런 감정을 그림 속에 전환하고 있을 수도 있다.

내적특성과 활동: 만약 아동이 집단보다는 개인적인 활동을 표현하고 그 중 자극적인 어떤 부분을 그려낸다면, 그것은 아동이 혼자서 즐기는 시간과 관련된 것일 수 있다. 그러나 치료사는 아동의 생활 속에서 지지체계인 사람들 주변의 이슈들을 탐색하거나 아동이 환상을 벗어나면서 많은 시간을 보내고 있을지도 모른다고 단정 짓고 싶을지 모른다. 지나친 공상은 우울의 신호일 수 있다.

자기가치에 대한 총체적인 인식: 치료사로서 당신은 아동의 인성에 관해서 몇 가

지 생각을 가지고 있을 것이다. 당신이 알고 있다고 느꼈던 아동의 특성들이 그림에 나타나는가? 만약 아동이 자기 자신에 대해 사실과 틀리지 않은 인식을 하고 있다면, 그때 아동은 이러한 활동을 통해서 자기가치감이 향상되었을 수 있다. 그러나 사실과 다른 진실하지 못한 것이 아동의 그림에 나타난다면 그때는 자신에 대한 잘못된 생각들이 이미 표현된 것일 수 있다.

나의 생활

나의 생활

"인성의 핵심은 우리들의 생애에서 수없이 경험되는 돌봄의 보편적인 행동들에 뿌리를 내리고 있다"

Stephen J. Gould

목표

- 자신감을 향상시킨다
- 행동들의 윤곽을 그린다
- 생각들을 기술한다
- 금지된 것과 사적으로 불안한 것들을 표출한다
- 자존감의 이슈를 다룬다
- 숨겨졌던 문제들을 드러내고 다룬다

재료

☆ 크레용, 파스텔, 수채화물감 또는 색연필

☆ 12×18 도화지

☆ 작업가능한 단단한 표면

과정

◆ 도화지를 수평으로 아동 앞에 놓아라.

◆ 아동에게 도화지 왼쪽에 자화상을 그리도록 요청하라.

◆ 자화상이 완성되면, 흥미 있는 영역을 나타내는 그림들을 배치하고 그림주변의 가장자리를 만들도록 권하라.

◇ 스포츠 활동

◇ 가장 좋아하는 책

◇ 정원 가꾸기

◇ 텔레비전 쇼

◆ 아동이 프로젝트의 부분을 완성하면, 문장완성 일람표를 종이 오른쪽에 배치하고, 문장을 마무리하도록 권유한다.

준비된 문장의 시작하는 출발리스트를 덧붙이거나 없애거나 치료적 맥락에서 자유롭게 활용하라.

◇ 나는······를 한다
◇ 나는······할 때 소리친다
◇ 나는······할 때 웃는다
◇ 나는······하다고 생각한다
◇ 나는······해 주기를 바란다
◇ 나는······에 의해 위협을 받는다
◇ 나는······때문에 용감하다
◇ 나는 맵시 있고······하다
◇ 나는······을 존중한다
◇ 나는······에 화가 난다
◇ 나는······을 원한다
◇ 나는······을 믿는다
◇ 나는······할 때 행복하다
◇ 나는······할 때 그것에 분노한다
◇ 나는······할 때 평화롭다

사후

- 자화상의 표상을 주의 깊게 관찰하라. 얼굴전체를 표현 했는가? 일부만 표현했는가?
- 아동은 즐길 수 있는 활동들을 접하면서 고민하는가? 그 활동들은 정당한가? 그것들을 혼자서 또는 집단으로 즐기는가?
- 아동이 문장 하나하나를 완성하면서 겪었던 어려움의 수준을 측정하라. 아동이 기록하고 있을 때 각 문장의 화제에 대해 자유롭게 토론하라.

해석

인물화의 특성 : 미술작품은 아동의 나이와 능력이 적절한지 평가하라. 만약 그림이 급하게 그려지고 상세하지 못하다면, 이것은 우울이나 퇴행을 암시할 수 있다. 얼굴을 생략한 것은 아동이 느끼고 있는 점을 반영한 것일지도 모르며, 입이 없는

것은 아동이 말할 것에 대해 어찌할 바를 모른다는 것을 의미할 수 있으며, 귀가 생략된 것은 듣지 못한다는 것과 듣고 싶지 않다는 것의 표현일 수 있다.

활동유형 : 인물에 묘사된 활동유형은, 아동이 스트레스를 어떻게 처리하는가에 대한 지표들을 제공함은 물론 아동의 사회적 역할을 탐색할 수 있다. 만약에 독서, 운동 혹은 재봉과 같은 한정적인 활동들이 지배적이라면, 내향적인 성격을 나타낼지도 모른다. 스포츠, 파티 혹은 친구와 같은 포괄적이고 고도의 사회적 활동들이 지배적이라면, 이것은 내면의 혼돈을 감추고 있는 외향적인 아동이라는 암시와 관련될 수 있다. 활동유형의 평가를 통해 치료사는 아동에게 가장 도움 되는 활동이 무엇인지 균형 있는 작업으로 안내할 수 있을 것이다.

활동수준 : 활동의 수준은 역할수준과 일치할지도 모른다. TV시청과 같은 활동의 결핍은 퇴행과 고립을 의미할 수 있다. 과대하게 기분 좋은 활동들에서 치료사는 조증의 이슈가 있는지 또는 잠재된 우울감이 있는지 탐색하고 싶을지도 모른다.

진술의 질 : 아동이 문장을 마무리할 능력이 없는 것이나 문장을 완성한 여유로움은 진술된 감정에 관한 아동의 안정감에 대한 수준을 의미하는 것일지도 모른다. 아동은 슬픔이나 분노에 대해 매우 불편할 수도 있다. 이것은 아동에게 고통스러운 감정들을 이야기 할 기회를 제공해주는 기회가 될 것이다.

치료의 정보 : 이 프로젝트에서 제시한 내용들은 치료에 대한 정보로 가득 차있다. 모든 강점, 염려, 사람들과 또래와의 관계 그리고 감정의 표현을 구체적으로 탐색하라.

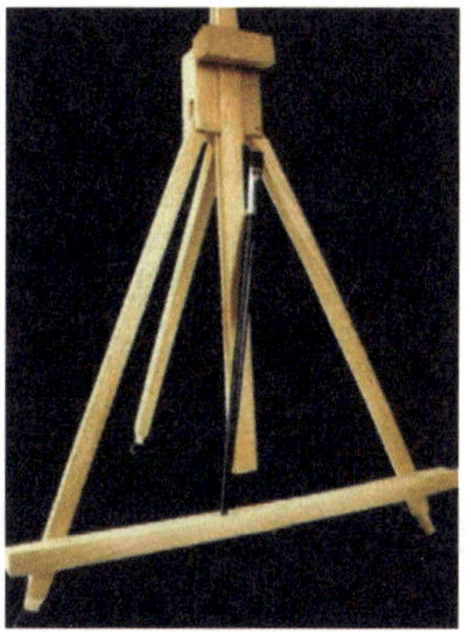

삼행시로 만나는 자기발견

"이름 속에는 무엇이 있는가?
어떤 다른 이름으로든지 장미라는 이름을 부르는 것에는 향기를 느끼게 한다."
William Shakespeare

목표

- 아동이 자신에 대한 인식을 가능하게 할 수 있다
- "재능이 없다"고 느낀 사람들에 대해 적극적인 예술가적 시도를 가능하게 한다
- 성취감을 제공한다
- 개인의 긍정적인 특성들을 강화한다

재료

☆ 12×18 큰 도화지

☆ 크레용, 파스텔, 색연필 또는 수채화물감

☆ 어떤 것을 강조하기 위한 철심이나 글리터(glitters)

☆ 작업가능한 단단한 표면

과정

◆ 종이를 반으로 접고 그것을 수평으로 아동 앞에 놓아라.

◆ 아동이 종이 왼쪽에 자화상을 그리도록 요구하라.

◆ 선택한 파스텔이나 크레용과 같은 매체를 활용하도록 권하라

◆ 종이를 접은 부분 오른 쪽에 아동 자신의 이름 첫 글자를 수직으로 나열하여 기록하도록 권하라

◆ 아동의 이름 글자를 각각 인용하여 문장을 만들고 각 글자로 부터 시작한 긍정적인 특성을 발견하라(예: 이름 "Sam"은 스마트한 즉 예술적 - 음악적이 될 수도 있다).

◆ 아동이 활용할 수 있는 재료 무엇으로든 표현하고 꾸미도록 용기를 북돋워라.

사후

- 아동이 프로젝트를 하면서, 치료적인 토의를 자유롭게 하게하라.
- 어떠한 특징들이 자화상에서 제외되고 있는지 유의해서 보라.
- 아동의 작품이 생활연령을 나타내는지 평가하라.
- 시를 마무리하기 위하여 아동이 충분하게 긍정적인 특징들을 찾기 전에 필요로 했던 치료사의 격려에 대한 결과에 주목하라.
- 언급된 특징들이 정확하게 아동을 기술하는지 평가하라.
- 아동이 완성된 미술품을 집으로 가져가서 잘 보이는 곳에 전시하도록 권하라(이것은 개인적으로 긍정적인 성장을 향상시킬 수도 있다).
- 다른 사람들이 아동의 미술품에 대해 긍정적인 피드백을 해주도록 부탁하라.

해석

자존감 : 아동이 긍정적인 특징들을 찾아내면서 겪었던 편안함과 어려움에 유의하라. 이것은 치료사가 부정적인 사고방식들을 동일시하게 할지도 모르며, 그것들은 흔히 있는 우울 증상들과 관련되어 있을 수 있다. 수치와 죄책감에서 회복되고 있는 아동은 긍정적인 특징들에 초점을 두고 제공된 기회를 즐길 수 있을 것이다.

자기표현 : 치료사는 시의 내용 속에 있다고 생각한 아동의 특성들이 정확한 표현인지 평가하기를 기대할지도 모른다. 만약 그렇게 되면, 그때 치료사는 아름다운 작품에 대한 논평을 기대하는 것이 될 수도 있으므로 유의해야 한다. 시와 자화상에서 드러난 특징들이 아동에게 해당되지 않는다면, 그때 치료사는 이들 특성과 특징들을 탐구하고 싶을지도 모른다.

자기발견 : 자기발견의 여행은 치료과정의 본질이다. 아동이 미술품을 창작해 낼 때, 치료사는 목표를 향한 진행의 수준을 측정하고 싶을지도 모른다.

자기관리 : 치료사는 아동의 관심과 특성에 대한 평가를 통하여 아동이 자기스스로

의 방향을 결정할 능력이 있는지 측정할 수 있을 것이다. "내 삶에서 내가 가고자하는 곳이 어디인가?"라는 질문은 탐구할만한 논제가 될 수 있다.

자신이 알고 있는 이외의 나

자신이 알고 있는 이외의 나

"자기발견의 기쁨은 항상 유익하다."
Gail Sheehy

목표

- 자기인식을 개선한다
- 긍정적인 특성을 강화한다
- 자기상에 대해 명확히 한다
- 기질에 관해 토론 할 수 있다
- 공격성이나 소심함의 정도를 평가한다
- 독립과 의존간의 균형이나 불균형을 드러낸다
- 친밀감의 수준을 밝힌다
- 총괄적이고 배타적인 특성을 드러낸다

재료

☆ 12×18이나 더 큰 흰색 도화지

☆ #2 연필

☆ 페인트, 크레용, 파스텔, 색연필, 목탄, 수채화그림물감 또는 마커 펜

☆ 그림 작업이 가능한 단단한 표면

과정

◆ 종이를 아동 앞에 수평이나 수직으로 놓아라.

◆ 아동에게 스케치할 연필을 주어라.

◆ "오늘은 네가 지금까지 알고 있었던 너 이외의 다른 자기를 표현해 볼 수 있단다. 그것은 네가 상상할 수 있는 어떤 것이나 가능하고, 초 영웅적인 것 또는 야생 동물이나 로봇이 될 수도 있어"라고 지지하라.

◆ 일단 그림이 그려지면, 색채를 활용하여 그것을 더욱 의미 있게 보완하도록 하라.

◆ 아동이 할 수 있는 한 상세하게 그림을 설명하도록 지지하라.

사후

- 아동이 그림을 그리는 과정에서 나타내는 갈등을 관찰하라. 종종 낮은 자존감을 가진 아동들은 독창성을 발휘하는데 어려움을 가진다. 아동의 분위기에 유의하라. 그것은 진취적인가? 우울한가? 행복한가?
- 아동이 사용한 색채에 어떠한 의미가 있는지에 대해 논의하라. 검은색? 빨간색? 푸른색? 과 같은 두드러진 색채가 있는가?

해석

자기표현 : 학대적이거나 비판적인 가정환경에 있었던 사람은 누구나 자기를 표현한다는 것이 힘들고 불편할 수 있으며, 이러한 사람들에게 자기표현과 관련된 작업은 낯설게 느껴질 수 있다. 당신은 그들이 종이에 어떤 것을 표현하려할 때 노출되는 내면의 갈등을 관찰할 수 있을 것이다. 또 다른 아동은 종이에 자신을 표현하는 것이 즐거운 일이라는 것을 알지도 모른다. 어떠한 경우에든 그림은 자신의 일부를 나타내거나 미해결된 내면의 갈등을 표현한 것일 것이다.

특성 : 성격의 특성을 알아채는 것은 아동의 자존감에 다소의 통찰력을 부여하는 일이 될 것이다. 유능하고 용기 있는 모습은 힘 있고 자존감을 가진 자기를 의미할 수 있다. 무능한 모습은 미술을 표현한 사람의 의기소침하고 무력한 자화상을 나타내는 것 일지도 모른다.

자기평가 : 치료사는 아동의 작품을 평가하고, 그림과 아동의 어떠한 특성을 가진 일반적인 사람을 찾고 싶어 할지도 모른다. 이것은 아동이 자기평가능력을 측정할 도구가 될 수 있다.

분위기 : 치료사는 드로잉의 분위기에 관심을 가질 것이다. 빨간색, 검은색 또는 푸른색과 같은 한 가지 주요한 색을 사용하고 있는가? 이것은 우울, 공격성 또는 슬픔

을 나타낸 것일 수 있다.

감정 : 아동이 느끼고 있는 것에 관해서 질문해라. 간혹 아동들은 분노나 슬픔과 같은 어떤 정서들이 받아들이기 힘든 감정들이라는 것을 믿도록 권유 받는다. 이러한 프로젝트는 아동들이 그러한 자신의 감정들을 나타내게 하는 기회가 된다.

적합과 부적합 : 단순히 아동이 미술품을 창작하는 것을 관찰함으로서, 치료사는 아동의 부적합한 감정을 측정할 수 있을지도 모른다. 이러한 프로젝트는 대부분의 것들보다는 더 많은 상상력을 필요로 한다. 아동이 자신의 상상력을 사용하면서 겪은 어려움의 수준에 유의하라. 이것을 통해서 특정유형의 치료와 이완기법에 반응할 아동의 환상과 능력을 통찰할 수 있을 것이다.

부정적 긍정적 사고 : 표현되지 않는 아동의 사고들은 이 프로젝트를 통해 표면화될 수 있다. 아동에게 어떠한 사고나 도식들을 교육하는 것은 부적절 할 수 있으며, 반면에 환상을 활용함으로써 생겨나는 사고의 도식들은 매우 적절하게 느낄 수 있을 것이다.

다시 찾은 "내" 가방

당신은 아동을 위해 "나에 관한 가방"을 보유하는 특권을 가졌을지도 모른다. 이 프로젝트는 기회를 만드는 것으로 활용되는데 그 이유는 대화를 시작한 사람들을 고려하기 때문이다. 그것은 아동의 자존감을 향상시키는데 이용될 수도 있다. 당신은 적절하다고 느낄 때, 아동의 파일로부터 가방을 끌어오고 다시금 그것을 열어서 아동이 그 가방에 넣은 긍정적인 것들을 끄집어내라. 아동의 긍정적인 특성을 그들 자신의 언어로 기술하게 하는 것은 치료에 도움이 될 것이다. 당신은 그때 아동에게 가방에 어떤 것을 더 넣고 싶어 하는지 그것이 무엇인지를 질문하고 싶을 수도 있다. 만약 그렇다면, 첨가할 긍정적인 특성을 기록할 시간을 가져라. 가방을 닫고 그것을 나중에 다시 활용하기 위해 당신의 파일에 담을 것인지 어떤지도 결정하라.

만일 아동이 아직 "자기" 가방을 만들지 않았다면, 당신은 "기회 만들기" 부분에서 어떠한 방향을 다시 찾을 수 있을지 모른다.

나만의 콜라주

나만의 콜라주

*"우리는 규정보다도 더 느리게 도는 녹음기를 갖고,
실제보다 더 감미로운 긴 음악을 마음속에 남긴 시대를 잠시 살았다; 나는
그것들을 틀고 나면 다시 간다."*
Russell Hoban

목표

- 감정표현을 돕는다
- 자신과의 대화와 소통을 돕는다
- 자기인식을 향상시킨다
- 긍정적이고 사적인 특성을 측정하기 위하여 반영을 적용한다

재료

☆ 잡지의 그림들
☆ 가위
☆ 흰색 목공본드(글루건은 잘 붙지 않을 수도 있다)
☆ 12×18 큰 도화지
☆ 마커펜, 크레용 또는 장식용 색연필
☆ 그림 작업할 단단한 표면
☆ 작업 면에 덮을 신문, 플라스틱 또는 천

과정

◆ 잡지와 가위를 아동 앞에 놓아라. 만약 아동의 나이가 어리거나 기능이 낮다면 아동에게 몇 장의 잡지그림만을 제공하고 싶을지도 모른다.
◆ 개인적으로 경험한 일을 암시하거나 중요하다고 느낀 사건들을 설명하는 그림들을 잡지에서 찾아 오려내도록 요구하라.
◆ 아동이 자신의 생활 속에서 연속적으로 또는 일련의 사건으로 그림들을 정리하게 한다.

◆ 당신은 아동에게, "어제는 무엇을 했니?" 혹은 "오늘은 무엇을 했지?"와 같은 어떤 것을 질문 하면서, 실례들을 들어주고 싶을지 모른다.
◆ 그림을 도화지에 붙이기 위해 접착제를 사용하라.
◆ 깃털이나 철심과 같은, 주변에서 구할 수 있는 다양한 재료와 채색으로 장식하라.
◆ 아동이 그림 하나하나를 탐색하면서 당신에게 콜라주를 설명하도록 하라.

사후

⋯▸ 아동이 콜라주를 작업하고 있는 동안은 치료적인 대화를 자유롭게 해도 좋다.
⋯▸ 아동이 이 프로젝트를 하고 있는 동안 취하고 있는 편안함의 수준에 유의하라. 개인적인 사건이나 성과를 기술할 그림을 찾기가 어려웠는가?
⋯▸ 아동이 무언가를 나타내기 위하여 선택한 그림의 유형들을 관찰하라.
⋯▸ 콜라주의 전체 분위기와 감정을 관찰하라. 그것은 주제를 가지고 있는가?
⋯▸ 아동이 콜라주를 집으로 가져가서 그것을 눈에 띄는 곳에 걸도록 지지하라.
⋯▸ 아동의 생활 속에서 중요한 사람들이 콜라주에 대해 긍정적으로 논하도록 조언하라.

해석

자기표현 : 아동이 이 프로젝트 동안 가졌던 편안함의 수준을 유의하여 보라. 이것은 자기표현능력과 관련이 있을 수 있다. 긍정적인 성과를 찾거나 사건을 상기시키려고 애쓰는 아동들은 우울감이나 퇴행을 견디기 힘들어할 수도 있다. 그 외의 아동들은 자기표현에 문제를 갖고 있지 않을지도 모르며 콜라주를 탐구하는 것을 재미있어할 것이다. 이들 아동들은 그들 자신에 관해 새로운 것들을 발견할지도 모른다. 치료사는 콜라주가 아동을 정확하게 나타내는지 측정하고 싶어 할 수도 있다.

창조성 : 콜라주에 쏟은 창조적인 노력은 감정의 지표가 될지도 모른다. 아동이 작품을 만드는데 노력을 하지 않는다면 그것은 우울이나 퇴행의 신호일 수도 있다. 아동이 콜라주에 많은 에너지를 쏟는다 해도 그것이 무질서 한 것 같다면 아동의 혼돈된 사고의 결과일 것이다.

성과 : 긍정적인 국면과 성과에 초점을 맞추는 것은 때때로 우울감으로 고통 받는 아동들을 돕는데 사용 된다. 이 프로젝트를 통해서 치료사와 아동은 생활 속의 긍정적인 경험을 나누게 되며 이것은 치료과정을 도울 것이다.

분위기 : 창작품의 전체적인 분위기를 인지하는 것은 아동의 숨겨진 감정을 통찰하는데 도움이 될 수 있다. 작품은 어두운가 혹은 옅고 밝은 것 같은가? 아동에 대한 전체적인 분위기를 자유롭게 탐구하라.

긍정적인 피드백 : 긍정적인 피드백은 치료의 중요한 강화물이다. 아동이 프로젝트를 집으로 가져가서 그것을 다른 사람들이 논하도록 전시하게 하는 것은 아동이 치료이외에 받고 있는 지지체계를 평가하는 좋은 방법이 될 뿐만 아니라, 더욱 중요한 것은 아동이 가족관계의 긍정적 경험과 인정과 찬사의 기회가 된다는 점이다.

어 항

어 항

"당신이 어떤 사람에게 물고기 한 마리를 줄 수 있다면 그녀는 하루 동안 살 수 있지만, 당신이 어떤 사람에게 낚시하는 방법을 가르치면 그녀는 일생동안 살 수 있을 것이다."

Unknown

목표

- 자존감을 향상시킨다
- 긍정적인 개인의 특성에 초점을 맞춘다
- 지지집단을 갖게 된다
- 예술가적인 성취감을 경험케 된다

재료

☆ 형판 사본

☆ 펜이나 연필

☆ 파란색 미술공작용 색판지 1매

☆ 대략 4×4 정사각형 녹색 미술공작용 색판지 2매

☆ 또한 대략 규격화된 다른 밝은 색의 미술공작용 색판지 2매

☆ 색이 다른 4×4 정사각형 2매

(주: 정사각형으로 종이를 자르는 것은 낭비를 막는 것이다. 아동과 기능이 낮은 클라이언트들은 십중팔구 크기에 관계없이 종이중간에서 모양을 자를 것이다. 지나치게 산만하고 충동적인 아동들은 너무 많은 자료를 제공받게 되면 과도하게 자극을 받을 수 있으므로 유의할 필요가 있다.)

☆ 가위

☆ 흰색 목공본드

☆ 철심, 스티커(stickers), 글리터(glitter)와 같은 갖가지 장식품

☆ 작업가능한 단단한 표면

☆ 작업표면을 완전히 덮을 플라스틱이나, 신문이나, 천

☆ 구멍이 한 개있는 펀치
☆ 길이가 약 18인치된 털실

과정

- 카드종이에 형판을 복사하라.
- 치료사는 형판을 잘라내서 안전하게 봉투에 보관하라.
- 치료사는 미술공작용 색판지로 어항을 만들려고 한다는 것을 아동에게 설명하라.
- 파란색 종이와 형판을 아동 앞에 놓고 어항 형판을 그 종이위에 놓은다음 그 둘레를 그리도록 요구하라.
- 다른 색종이와 어항을 아동 앞에 놓고 물고기를 칠할 밝은 색 두 개와 어항을 장식할 녹색을 사용토록 요구하라.
- 이것은 여덟 마리의 물고기가 모두 같아야 한다.
- 먼저 물고기 네 마리에 자신이 가장 많이 즐기는 어떠한 것들을 기록하고, 다른 네 마리의 물고기에는 자신을 사랑하는 사람들의 이름을 기록하도록 설명하라(아동이 필요로 한다면 더 많은 물고기를 넣도록 허락하라).
- 당신의 치료대상자인 아동이 원하는 만큼 물고기와 어항을 장식하도록 용기를 돋우어라.
- 아동이 작업에 활용할 수 있는, 철심이나 스티커(stickers)와 같은 기타 용품들을 마련하라.
- 프로젝트 각 쪽의 가장자리에 펀치를 사용하여 구멍 하나를 뚫어라.
- 끈을 구멍에 꿰어 전시에서 매달 수 있도록 양끝을 묶어라.
- 아동이 잘 보이는 곳에 프로젝트를 전시하도록 용기를 주고 사람들이 지나가면서 그것에 관해 긍정적인 피드백을 하도록 요청하라.

사후

- 아동이 프로젝트를 하고 있을 때 관련된 이슈들에 대해 자유롭게 이야기하라.
- 즐길 수 있는 활동을 기록하는 과정에서 아동은 얼마나 자유롭게 활동 하는지에 유의하라. 선택된 활동들의 특성들은 무엇인가?

- ⋯› 아동이 자신을 사랑하는 사람들이 누구라고 생각하는지 기록한 이름을 관찰하라. 이사람들은 아동의 지지망에 어떻게 연계되는가? 누가 제외되고 없는가?
- ⋯› 아동은 이 활동을 즐기고 있는가? 즐기지 않는가? 이유는 무엇인가

해석

창작수준: 이 프로젝트는 어린 아동들과 저 기능의 성인들에게 이상적이다. 이 프로젝트에서 사용하고 있는 요소들은 빈 종이를 사용하는 것보다는 훨씬 덜 위협적이지만, 그것이 아동의 재능과 관련이 있다면 아동이 표현하고 결심한 것을 통해 창조성의 수준을 평가하는 것은 여전히 가능할 수 있다. 치료사는 아동이 우울이나 퇴행으로 고통을 받지 않도록 많은 노력을 해야 한다.

활동유형 : 활동의 유형을 통해서 아동의 관심과 진정한 욕구를 탐색할 수 있을 것이다. 즐길 수 있는 활동으로서 신체적인 기능만을 사용한 아동은 이 작업을 통해 기분전환을 위한 오락을 하고 있는 지도 모른다.

지지자들 : 당신의 클라이언트인 아동은 누구한테서 사랑을 받는가? 아동이 사랑하는 사람들은 때로는 직계가족이 아닐 수 있다. 네가 누굴 사랑하는가 보다는 오히려 누가 너를 사랑하는가에 관해서 질문하는 것이 사랑받는 것에 대한 아동의 기대를 탐색하도록 돕는 것이다.

관계 탐색 : 당신의 치료대상인 아동의 관심이나 결핍된 관계를 논의하는 것은 표현되지 않는 감정과 인식을 탐색하는 좋은 방법일 수 있다. 아동의 관심사가 사회적으로 받아들일 수 있는 것인지 아닌지를 평가하라.

어항 형판

꽃

꽃

"돌봄은, 유아가 성숙해가듯 우리들의 인생행로를 따라 드리워지면서 -그리고 그 인생행로를 부드럽고 우아하게 꽃으로 장식하면서, 우리를 행복하게 한다."

Pam Brown, 1928

목표

- 자존감을 강화한다.
- 지지그룹을 동일시한다.
- 긍정적인 특성들을 증가시킨다.
- 성취감을 갖게 한다

재료

☆ 형판 첨부

☆ 연필이나 펜

☆ 종이접시

☆ 밝은 색의 미술공작용 색판지 3장

☆ 마커펜 또는 색연필

☆ 가위

☆ 흰색 목공본드

☆ 작업가능한 단단한 표면

☆ 작업표면을 덮을 신문, 플라스틱 또는 천

☆ 구멍하나짜리 펀치

과정

◆ 카드재료를 복사하고, 형판은 나중에 사용할 수 있도록 안전하게 보관하라.

◆ 아동 앞에 종이와 형판을 놓아라.

(주: 당신은 종이를 낭비하지 않기 위하여 형판의 적절한 크기로 종이를 미

리 잘라놓고 싶을지도 모른다. 어린 아동들과 기능이 낮은 아동들은 크기에 관계없이 종이 중간에서부터 형태를 자르는 경향이 있다.)

- 아동에게 제공된 재료로 꽃을 만들려고 한다고 말하라. 한 가지 색의 꽃가루와 두 가지 색의 잎들이 있다.
- 아동에게 여덟 개의 꽃잎과 다섯 개의 꽃가루받이를 균등하게 하여, 색마다 네 개의 꽃잎을 자를 것을 제안하라.
- 아동에게 형판주위를 그리고 그 형태를 자르도록 하라.
- 아동이 형판을 마무리하게 되면 그것들을 안전하게 보관하라.
- 아동에게 "꽃가루받이에 너의 생활에 영향을 미친 다섯 명의 명단을 기입하라"고 권하라.
- 아동에게 꽃잎 네 개를 가져가도록 하고 "각각의 꽃잎에 자신있거나 잘한다고 생각하는 일들을 기록하고, 다른 잎들에는 사람들이 너에 대해서 알기를 바라는 일들을 기록하라"고 권하라.
- 종이접시 이면에 꽃잎을 붙여라. 꽃잎을 실재의 꽃처럼 꽃잎 중앙에 놓아라.
- 꽃의 윗면에 펀치를 활용하여 구멍을 내게 하라.
- 구멍에 털실을 꿰어서 고리에 묶어 꽃을 매달아라.
- 아동에게 그것을 집으로 가져가 가족들이 꽃에 대해 긍정적인 의견을 말할 수 있도록 눈에 잘 띄는 곳에 걸도록 권하라.

사후

- 아동이 프로젝트를 잘 마무리하려고 노력하는지 관찰하라.
- 아동이 자신에게 긍정적인 영향을 미친 사람들의 이름을 기록하면서 어려움이 있었는가?
- 이름 붙여진 그들은 아동이 사적으로 알고 있는 사람들인가? 역사적인 인물들과 명사들인가?
- 아동의 긍정적인 성취를 살펴보면서 드러났던 어려움의 수준을 평가하라.
- 아동이 자기 자신에 관해서 다른 사람들이 알기를 바라는 것들을 평가하라. 그것들은 당신의 클라이언트인 아동을 정확하게 보여주는가?

해석

자존감 : 이 프로젝트는 어린 아동들, 기능이 낮은 성인들, 빈 종이를 두려워하는 그러한 클라이언트들에게 이상적이다. 이 프로젝트에 있는 요소들로 인해 표현의 수준이 어느 정도 제한받을지도 모른다. 그렇지만 그것은 여전히 자존감과 자기인식을 향상시키는데 좋은 도구일수 있다. 만약 당신의 클라이언트인 아동이 기록할 여덟 개의 긍정적인 것들을 발견하면서 고통스러워했다면, 그것은 우울의 신호와 관련된 것일 수 있다. 반면에 자신에 관해 언급된 것들이 사회적으로 받아들일 수 없는 것이었다면 그 아동은 행동상의 이슈들을 나타내고 있을지도 모른다.

영향력 있는 사람들 : 아동에게 영향을 미친 사람들을 고찰하는 것은 아동이 자신에 대한 인식을 통찰하게 할지도 모른다. 아동은 자신에게 영향력을 끼친 사람들을 이해함으로서 자신이 동일시하는 유형의 사람들과 자기가 어떤 유사한 특성들을 가지고 있는지에 대해 이해할 수 있는 기회가 된다.

자기실현 : 이 프로젝트를 통해서 아동은 자기표현을 시작할 기회를 갖는다. 치료사는 기록된 것들과 이름 붙여진 사람들을 통해 그가 아동의 진정한 표상인지 아닌지를 측정하고 싶을지 모른다. 언급된 것들은 현재의 성취인가 혹은 미래의 희망과 목표인가?

꽃의 형판

감정 동일시

"영혼은 자유로운 상상의 빛깔로 감추어져있다."
Unknown

"감정의 색채"

어떤 재료매장에서든 기본적인 진열은 색환이다. 색채는 우리들의 경험에 깊이를 더한 것이다. 핑크색과 오렌지색의 구름 덩이를 이루고, 수직으로 뚜렷한 담청색의 푸른 하늘을 배경으로 하여 배치된 밝은 황금빛 태양은 하나의 완벽한 일몰의 색조이다.

색채가 우리의 시각적인 경험에 풍요로움을 더 하는 것처럼 감정은 우리들의 개인적인 경험에 풍요로움을 더 한다. 근심을 내려놓고 자신을 평화로운 묵상에 맡기며 앉아서 일몰을 바라봄으로써 찾아온 평온의 감정은 자신을 받아들이고 견뎌내는 힘을 갖게 한다.

색채와 감정은 자연스러운 관계이다. 색채의 적용을 통해서 우리는 침묵에 언어를 제공하고 영혼의 인식에 대한 투명한 마음에 가까이갈 수 있게 된다.

얼굴 드러내기

얼굴 드러내기

"절망이 다른 인간들로부터 오직 한 인간에게만 오듯이 희망 역시 다른 인간들로부터 한 인간에게만 주어진다."

Elie Weisel

목표

- 연필과 종이 이외의 다른 미술매체에 대한 저항을 극복하도록 돕는다
- 관계에 대한 대화를 촉진시킨다
- 아동과 다른 개인들과의 역동을 탐색하게 한다
- 아동이 원하는 것과 싫어하는 것을 이해할 수 있다
- 사랑과 미움감정에 대한 신체적 표현의 기회를 제공한다

재료

☆ 양이 많은 면도크림 한 통*(주: 아동이 향기와 화학약품에 대한 알레르기가 있는지 점검하라)*

☆ 다양한 색채의 핑거 페인트 한 세트

☆ 12×14 또는 12×18 핑거페인팅종이 1장. 만일 이 종이가 없다면 밀랍종이 접시를 사용하라.

☆ 작업가능한 단단한 표면

☆ 작업표면을 덮을 신문, 플라스틱 혹은 천

☆ 더럽혀진 것을 닦을 물과 스펀지

(이것은 장난기를 자극하는 놀이이기 때문에 대상의 특성에 따라서는 집단에서 사용하기에 제한적일 수 있다.)

과정

◆ 종이를 수직으로 아동 앞에 놓아라.

◆ 면도크림 1/3에서 1/2통까지를 종이의 중앙에 놓아라.

◆ 아동에게 면도크림으로 형상을 만들도록 하여, "매체에 대한 느낌을 얻기

위하여, 그것을 조금 위아래로 끌어올렸다 내렸다 하는 놀이를 하라"고 지시하라.

- "이제 핑거 페인트를 사용하여 네가 알고 있고 좋아하는 어떤 사람의 얼굴을 만들어라"고 권하라.
- 당신의 클라이언트인 아동이 만든 얼굴에 색채와 특징들을 첨가하기 위하여 핑거 페인트를 사용하도록 안내하라. 색채들은 기대하는 결과를 달성하기 위하여 분리하여 사용되거나 혼합될 수 있다.
- 면도크림은 눈, 코, 입술, 머리카락과 같은 3차원적인 특징들로 만들어질 수 있다.
- 디지털 카메라나 즉석카메라로 사진을 찍어라.
- 아동에게 자신이 표현한 사람에 대해 설명하도록 요청하라.
  - ◇ 이 사람의 어떤 부분을 좋아하니?
  - ◇ 이 사람을 어떻게 알고 있니?
  - ◇ 이 사람과 무엇을 하니?
  - ◇ 이 사람은 네가 좋아하는 것을 어떻게 하니?
- 시간이 허락하면 이 과정을 반복하고, 이번에는 자신이 싫어하는 누군가의 얼굴을 만들도록 하라.
  - ◇ 이 사람은 누구니?
  - ◇ 넌 그 사람에 대해서 무엇이 싫으니?
  - ◇ 네가 이 사람을 싫어하게 한 어떤 일이 있니?

사후

- 아동이 작업하고 있는 동안 치료적인 대화를 자유롭게 하라.
- 얼굴을 그리는 과정에서 나타나는 아동의 편안함과 불편함에 대해 관찰하라.
- 좋아하는 사람과 싫은 사람 중 누군가를 그릴 때 더 많은 시간이 걸리는가?
- 사용된 색채와 전반적인 각 얼굴의 분위기에 유의하라.
- 작업의 질이 아동의 능력에 반영하는지에 대해서도 평가하라.
- 감정과 분위기에 대한 언어적 비언어적 반응에 대해 관찰하라.

해석

관계의 특징 : 이 프로젝트를 통하여 치료사는 아동이 경험하고 있는 관계의 특징을 탐구할 수 있을 것이다. 좋아하는 사람과 싫어하는 사람에 연결된 관계와 활동들의 유형은 탐구할 만한 가치 있는 이슈를 가지고 있다.

역동 : 당신은 좋아하는 사람과 싫어하는 사람간의 관계에서 드러나는 아동의 역동을 논의하기 위하여 이 프로젝트를 활용하고 싶을지도 모른다. 아동에게 증오는 받아들이기 어려운 감정일 수 있지만, 이러한 매체를 통해서 아동은 억제된 분노나 노여움을 자유롭게 표현할 수 있을 것이다.

기대 : 좋아하고 싫어하는 사람들에 대한 작업을 통하여, 치료사는 아동이 다른 사람들에 대해 갖고 있는 비현실적인 기대를 이해할 수 있으며, 복수와 용서의 이슈 또한 다뤄질 수 있을 것이다.

나의 얼굴 - 현재와 미래

나의 얼굴 - 현재와 미래

"당신이 믿는다면 나는 당신의 생에 참여하여 이 경이로운 일을 함께 공유할 것이지만, 다만 당신이 스스로 이 길을 통과하는지 지켜볼 것이다."

Brian Patten

목표

- 아동이 자신의 다양한 감정을 받아들이고 느끼도록 허용한다
- 개성을 드러낼 기회를 제공한다
- 자아의 다양성을 탐색하고 수용한다
- 반영경험을 제공한다

재료

☆ 아동의 머리가 들어갈 수 있는 넉넉한 종이가방

☆ 연필

☆ 가위

☆ 흰색 목공본드

☆ 여러 가지 색채의 미술 공작용 색판지

(주: 머리, 눈, 코의 크기에 적합하고 또는 종이가방을 장식할 재료들의 특성에 적합한 크기로 자를것)

☆ 털실, 철심 혹은 파이프 청소용구와 같은 부수적인 장식품들

☆ 작업가능한 단단한 표면

☆ 작업표면을 덮을 신문, 천 혹은 플라스틱

과정

◆ "가방의 한 쪽에는 지금의 네 얼굴을 그려라. 다른 한쪽에는 앞으로 되고 싶은 네 모습 또는 미래에 어떠한 사람이 되어있을 것 같은지 상상하여 그려라"고 권하라.

◆ 아동이 작업을 시작할 수 있도록 종이와 장식물들을 제공하라.

사후

- 아동이 작업하고 있는 동안 치료적인 대화를 자유롭게 하라.
- 프로젝트가 종료되면, 아동에게 자신이 만든 가면가방을 쓰게 하라. 치료사의 안내에 따라 또는 질문에 답하기 위해 아동은 가방을 주변에 홱 던지며 다른 사람이나 나이 든 사람처럼 행동을 하거나 동작을 할 수 있을 것이다.
- 아동이 가면을 만들면서 불편감이 있었는지 관찰하라.
- 두 개의 가면이 다른 감정을 담고 있는지 평가하라.
- 입이나 귀와 같은 어떤 특징이든 가면의 얼굴에서 생략된 것이 있는지에 주의하라.
- 가면의 전반적인 분의기는 무엇인가?
- 결과물인 창작품의 질이 아동의 미술적인 재능을 반영하는가?

해석

내재화된 감정의 표현 : 종종 아동은 분노나 증오와 같은 어떤 감정들을 표현하도록 허용된다고 생각하지 않는다. 이 프로젝트는 당신의 클라이언트인 아동에게 내재화된 감정들을 표현할 방법을 제공하는 기회가 될 것이다. 낙천적으로 보였던 아동이 분노가 담긴 가면을 만들어낼 수도 있다.

분위기 : 이 프로젝트는 다양한 측면의 의미를 갖고 있을 수 있다. 아동이 이용한 색채와 형태에 유의하라. 매우 강하고 붉은 색채는 에너지의 표현일지도 모르며, 푸른색과 검정색은 아동의 우울을 의미할 수도 있다.

미래에 대한 사고 : 만약 아동이 미래의 자기 얼굴을 만들 것을 선택했다면, 그때 당신은 아동이 가지고 있는 희망의 수준을 측정할 수 있을지도 모른다. 미래의 아동은 건강하고 완전하게 느껴지는가? 만약 그렇다면, 당신의 클라이언트인 아동은 가능성 있는 강한 치유력을 가지고 있을 수도 있다. 아동이 미래에 생존해 있다는 상

상까지도 할 수 있을까? 만약 그렇지 못하다면, 우울과 자살에 대한 사고가 있을지도 모른다. 미래는 냉혹하게 보이고 문제들은 해결할 수 없는 것처럼 보이는가? 만약 당신의 사례가 그렇다면, 당신의 클라이언트인 아동은 현재 매우 당황스럽게 느끼고 있을 것이고 아동의 사고과정을 재검토할 필요가 있을지도 모른다.

병리적인 집착 : 아동은 미래의 어떤 변화도 알지 못할 수 있거나 가면의 양면은 동일할 수도 있다. 이것은 아동이 창작품에 반영 되고 있는 그 발달단계나 사고과정에 고착되어 있거나, 병이 깊어지고 있다는 신호일지도 모른다. 이러한 아동은 자신에게 다가올 미래의 변화를 알지 못하거나 긍정적인 자기성장을 위한 어떠한 희망도 갖지 못하는 상황에 노출되어 있을 수도 있다.

참회의 가면무도회

참회의 가면무도회

"생존경쟁에서 가장 중요한 것은 우리들이 영혼의 조용한 방에서 날마다 싸우는 것이다."

David O. Mckay

목표

- 내재화된 감정을 표현할 기회를 제공한다
- 역할극을 통해 실생활에서 사용되지 못했던 능력을 찾도록 돕는다
- 개인의 특성을 표현하는 기회가 된다
- 있는 그대로를 비춰보는 기회를 갖게 된다

재료

☆ 가벼운 종이접시

☆ 4×4 또는 2×2 정4각형의 규격에 맞게 자른 다양한 색채의 미술공작용 색판지

☆ 흰색 목공본드

☆ 가위

☆ 구멍 한 개짜리 펀치

☆ 파이프 청소용구나 두 개의 18인치 길이 털실

☆ 철심, 깃털, 털실 또는 스티커와 같은 여러 가지 장식용품

☆ 색연필, 크레용 혹은 마커펜

☆ 작업가능한 단단한 표면

☆ 작업표면을 덮을 플라스틱, 신문 또는 천

과정

◆ 펀치를 사용하여 접시의 왼쪽과 오른쪽에 구멍 한 개씩을 뚫어라

◆ 눈을 어느 위치에 둘 것인지 측정하고 가위를 사용하여 두 개의 눈구멍을 뚫어라

- 아동 앞에 접시와 재료들을 두어라
- 정교한 가면을 만들기 위해서 아동이 다양한 물품들을 활용하도록 요청하라
- 아동이 가면을 완성하면, 가면을 아동본인의 얼굴에 부착 할 수 있도록 가면의 양옆을 구멍 뚫어 끈을 연결하도록 하라.
- "가면을 쓰면, 너는 네가 바라는 사람 누구든지 될 수 있단다,"라고 넌지시 말하라. 그 다음에 아동이 가면을 쓰고 있는 동안 면담을 하라.

사후

- 아동이 작업하고 있는 동안 치료적인 대화를 자유롭게 나눠라.
- 아동이 이 프로젝트의 창조적인 양상과 고심하는 어떤 것이 표현되고 있는지 유의해서 볼 필요가 있다.
- 가면의 전체적인 분위기는 무엇인가? 그것은 어둡고 불길하거나 밝고 상쾌한가?
- 작품의 질은 아동의 나이와 창작능력을 반영하는가?
- 만일 그렇지 않다면, 이것은 우울과 퇴행의 신호일지도 모른다.

해석

분위기와 감정 : 아동은 자신들이 표현하는 것을 사회적으로 용납할 수 있다고 느끼지 못한 감정들을 내재화했을지도 모른다. 이러한 감정들이 때로는 슬픔과 분노가 될 수 있다. 지금까지의 전체적인 프로젝트에서 보았듯이 그것은 다양한 주제를 담고 있을 수 있다. 파란색의 슬픈 가면은 우울감을 가진 아동의 작품일수도 있으며, 강렬하고 성난 가면은 억압된 격노의 감정을 가진 아동의 작품일 수 있다.

조직화 : 가면이 체계화된 것같이 보이는지 어떤지에 유의하라. 이 프로젝트는 능동적인 아동에게 많은 자극을 준다. 종종 이들은 작업이 끝날 즈음 가면은 뒤범벅이 된 것같이 보이고 한 개 이상의 감정을 나타낼지도 모르며, 이것은 아동이 느끼고 있는 혼돈으로부터 나온 것 일수도 있다.

면담반응 : 아동이 가면을 쓰고 있을 때와 쓰고 있지 않을 때의 면담질문에 대한 반응의 유사점과 차이점을 관찰하라. 가면을 벗었을 때도 충분히 안정감 있는 반응을 보이는 아동은 자신의 어머니를 사랑하고 언제나 그녀가 원하는 것을 행할지도 모르는 반면에, 가면을 쓰지 않고는 편안하게 자기표현을 할 수 없는 아동은 어머니를 증오하고 집을 떠나고 싶은 마음일 지도 모른다.

분노 표출

분노 표출

*"어느 누구나 화를 낼 수 있고, 화를 내는 것은 쉬운 일일 수 있지만,
화를 내는 이유와 대상이 정당하고 적절한 상황에서 화를 내는 것이 아니라면,
그것은 모든 사람의 지지를 얻지 못하며, 그것은 마음편한 일이 아니다."*
Aristotle

목표

- 내재화된 감정들을 표출한다
- 격노를 진정시킬 수 있다
- 좌절을 가져오는 상호역동에 대처하도록 돕는다
- 스트레스 요인들을 감소시킨다
- 우울의 징후를 경감시킨다

재료

☆ 12×18 도화지

☆ 연필

☆ 크레용, 색연필이나 마커펜

☆ 스카치테이프나 보호테이트

☆ 작업가능한 단단한 표면

과정

◆ 종이를 수직으로 아동 앞에 놓아라.

◆ "네가 싫어하는 사람 누군가를 그려보라,"고 권하라.

◆ 색채를 추가하고 초상화의 특징을 강화하기 위하여 아동에게 크레용, 색연필, 또는 마커펜을 사용하도록 권하라.

◆ 아동이 작업을 끝내면, 테이프를 이용하여 초상화를 벽이나 문에 부착하도록 하라.

◆ 아동에게 몇 피트 물러서서 공을 그림에 가볍게 던지도록 하라.

- 아동에게 공을 던질 때 어떤 감정들이 마음에 떠오르는지 언어로 표현하도록 지지하라.
- 당신은 아동에게 분노와 좌절감의 표출을 느낄 때까지 몇 번 이 활동을 되풀이 하고 싶을 수도 있다.
- 초상화를 내리고 왜 아동이 공을 던지기 전 보다 공을 던지고 난 후에 기분이 더 좋아졌는지 몇 가지 이유에 대해 기록하도록 하라.

사후

- 당신의 클라이언트인 아동과 치료적인 대화를 자유롭게 하라.
- 종이에 그려진 그 사람은 누구인가?
- 아동의 친척관계는 어떠한가?
- 아동이 공을 던지는데 초대되었을 때 나타낸 행동반응에 대해 유의하라.
- 아동이 공을 던지기 전 보다 기분이 더 좋아진 감정표출과 이유들에 대해 관찰하라.

해석

사람과의 관계 : 아동이 그려낸 그 사람은 신체적으로나 정신적으로 아동 자신을 상처 입힌 어떤 한 사람일지도 모른다. 그 사람은 비판적인 선생이거나 나쁜 의붓부모나 치한일 수도 있다. 아동이 이 사람을 좋아하지 않는 이유를 확인하도록 하는 것은 중요한 일이다. 몇몇 아동들은 자신이 그 사람을 좋아하지 않는 이유들을 분명히 말하는 것에 대해 고민할지 모른다. 이러한 경우 당신은 아동이 편안하게 말할 수 있도록 자유롭게 관련된 이야기들을 연결해도 된다.

역동 : 몇 가지 경우에서 아동은 가해자를 증오하는 것을 받아들이지 않을지도 모른다. 이것은 가해자가 친척이나 가족 중의 누구이거나 가족 한 사람의 친밀한 친구인 경우일 수 있다. 아동은 분노를 느끼고 있으며 자신의 아버지로 인해 포기할지도 모르지만 “아버지를 죽이고 싶은 마음”에 대해 의붓어머니를 비난할 수도 있다.

이유 : 아동에게 전보다 기분이 좋아진 이유에 대해 표를 만들게 하는 것은 감정적

으로 폭발하기 쉬운 회기의 종료에 좋은 방법이 될 수 있을 것이다. 그것은 아동이 당신에게 말할 수 없는, 누군가를 좋아하지 않는 자신의 감정에 대한 변화의 이유를 표로 만든 것이 쉬울 수 있기 때문이다.

드러나고 있는 상자

드러나고 있는 상자

"당신의 시각은 스스로 당신의 마음속을 들여다 볼 때만 더 분명해질 것이다.
외면을 보는 사람은 꿈을 꾸고 내면을 보는 사람은 깨닫는다."
Carl Jung

목표

- 내면의 심리구조를 탐색한다.
- 내재화된 감정들을 표면화시킨다.
- 자기인식을 강화한다.
- 감정을 교류하고 분명히 알게 된다.

재료

☆ 광고를 제거한 상자나 공예품상점에서 구한 뚜껑달린 장식 없는 상자
☆ 흰색 목공본드나 콜라주에 사용할 풀
☆ 잡지
☆ 가위
☆ 플라스틱 보석, 철심, 리본 및 마커펜과 같은 각종 장식물품
☆ 캐릭터 포장지의 길고 가느다란 조각도 활용될 수 있다
☆ 그림붓
☆ 작업가능한 단단한 표면
☆ 작업표면을 덮을 플라스틱, 신문 또는 천

과정

◆ 당신의 클라이언트인 아동 앞에 재료들을 펼쳐 놓아라.
◆ "이 상자 바깥쪽에는 모든 사람들이 알고 있는 너를 표현할 수 있는 것들로 장식하고, 상자 안쪽에는 사람들이 보기 원치 않는 너만의 비밀스러운 것들로 표현하고 장식하면 된단다"라고 제안하라.
◆ 아동이 상자에 그림들과 장식물들을 잘라 접착제로 붙이도록 하라.

- 상자가 마무리되면 작품에 묻은 풀칠을 물이나 솔로 털어내도 좋다.
- 상자가 마르도록 놔둔다.

사후

- 아동이 작업하고 있을 때 치료적인 대화를 자유롭게 하라.
- 아동이 이 프로젝트에 대해 갖고 있는 안전감이나 불편감과 태도를 관찰하라.
- 아동이 상자 안쪽에 배치한 그림의 유형은 물론 상자 바깥쪽에 배치한 그림의 유형들도 주의 깊게 관찰하라.
- 상자에 대한 아동의 태도는 무엇인가? 아동은 그것을 좋아 하는가? 싫어하는가?
- 완성된 작품이 아동의 예술적 기능을 나타내는지에 대해서도 평가하라.

해석

항목과 배치의 유형 : 상자의 안쪽과 바깥쪽을 볼 때, 어느 항목이 두드러지는지에 유의하라. 이 항목들은 당신의 클라이언트인 아동이 느끼는 가장 중요한 이슈들을 묘사한 것일지도 모른다. 눈에 띄지 않는 장소의 상자에 놓인 다른 항목들은 아동이 덜 중요하다고 생각하는 이슈일 수 있다. 비밀들은, 상자 안쪽 감춰질 수 있는 영역에 두었을 테지만, 분노나 슬픔과 같은 일반적인 감정들은 더 많이 눈에 띄는 곳에 있을 것이다.

안쪽과 바깥쪽 : 사람들은 상자의 바깥쪽에는 화려하고 잘 어울리는 주제들을, 그리고 상자의 안쪽에는 슬픈 것들을 배치하는 것이 공통적이다. 그렇지만, 당신의 클라이언트인 아동은 마약과 같은 자기 파괴적인 행동을 묘사하는 것들을 상자의 바깥쪽에 배치할 수도 있다. 이것은 집단의 파괴적인 행동에 대한 동일시의 결과일 수 있다.

상자에 대한 태도 : 완성된 상자에 대한 아동의 태도에 주의하라. 상자를 무시하는

듯 함부로 대하는 아동은 낮은 자존감으로 갈등하고 있는 경우와 관련될 수 있다. 이와는 다르게 어떤 아동들은 상자를 귀중품처럼 어느 장소에 소중히 보관할 런지도 모른다.

감정의 누비이불

감정의 누비이불

"시련은 힘을 주고, 슬픔은 깨달음과 지혜를 준다."
Chuck T. Falcon

목표

- 감정을 나타내기 위하여 색채를 사용한다
- 정서적 느낌을 표면화하기 위하여 간접적인 접근을 한다
- 자기인식을 강화한다
- 긍정적인 토론을 위하여 내재화된 감정들이 드러나게 한다

재료

☆ 12×18 도화지

☆ 다양한 색채의 미술공작용 색판지나 포장지 조각들*(주: 만일 당신의 클라이언트인 아동이 어린 아이이거나 기능이 낮은 대상이라면, 당신은 종이를 규격에 맞게 자르고 싶을 지도 모른다)*

☆ 가위

☆ 흰색 목공본드

☆ 마커펜

☆ 작업가능한 단단한 표면

☆ 작업표면을 덮을 플라스틱이나 신문*(준비와 정리를 위한 충분한 시간을 고려하여)*

과정

◆ 아동 앞에 미술용품들을 놓아라.

◆ "우리는 감정의 누비이불을 만들려고 한단다. 색채들은 자신의 감정들을 나타낸다고 생각한다. 길고가느다란 종이와 정방형의 종이를 잘라 그것들을 좋아하는 모형 어느 것이든지 만들면서 종이위에 풀로 붙여라. 작품이 완성되면 각 색채에 관해 상응하는 감정의 이름을 기록해도 된단다"라고 설명하라.

사후

- 아동이 프로젝트를 하고 있는 동안 치료적인 대화를 자유롭게 하라.
- 전체적인 주제와 누비이불의 색채에 유의하라.
- 아동이 각 색채와 모형에 둔 감정이 어느 것이든지 관찰하라.
- 완성된 작품은 아동의 나이와 적절한 미술적인 능력을 나타내는가?

해석

분위기와 감정 : 누비이불의 전체적인 색채의 의미에 유의하라. 어느 색채가 두드러지는가? 아동이 각 색채에 둔 감정적인 가치를 관찰하라. 매우 화가 난 아동은 현저하게 붉은 색의 누비이불을 만들어서 분노와는 다른 감정들의 탓으로 돌릴지도 모른다. 이것은 "거짓자기"에서 온 삶이나 부인의 신호일 수도 있다.

복잡함과 조직화 : 누비이불의 복잡성과 조직화를 고려하라. 지나치게 간소화된 디자인은 우울이나 퇴행의 신호일 수도 있지만 그것은 저항으로 잘못 분류된 것일지도 모른다. 누비이불은 복잡하고 무질서할 수 있지만 그것은 혼돈된 사고의 증후와 관련된 것일 수도 있다. 누비이불은 또한 아동 개인의 특성을 보여주는 미적인 것에 불과할지도 모른다.

태도 : "태도는 모든 것이다." 완성된 작품에 대한 아동의 태도를 관찰하라. 만일 아동이 그것을 소중히 하고 집으로 가져가기를 원한다면, 이것은 긍정적이고 수용적인 자아상의 신호일 것이지만, 만약 아동이 자신이 만든 누비이불을 버리고 싶어 한다면 그것은 자기거부의 신호와 관련이 있을 수 있다.

기 분

기 분

"증오와 사랑이 본질적으로 같은 것이든 아니든, 호기심을 불러일으키는 관찰과 연구의 주제임은 분명하다."

Nathaniel Hawthorne

목표

- 양극적인 감정들을 탐색한다
- 잦은 기분변화를 보이는 기질상의 변화를 확인한다
- 기분변화에 영향을 주는 에피소드에 대해 토론하도록 격려한다
- 기분변화를 야기하는 사건에 대해 고찰한다

재료

☆ 종이접시 두 개

☆ 머리카락을 만들 털실

☆ 특징들을 만들기 위한 여러 가지 색채의 펠트나 미술공작용 색판지(*낭비를 줄이기 위하여 대략적인 얼굴 크기에 맞추어 종이나 펠트를 규격대로 잘라라*)

☆ 가위

☆ 호치키스

☆ 흰색 목공본드

☆ 대략 1인치 넓이와 2피트 길이의 길고 가느다란 천 조각

☆ 길고 가느다란 종이 조각 1×3 10개

☆ 마커펜

☆ 작업가능한 단단한 표면

☆ 작업표면을 덮을 플라스틱 천이나 신문

☆ 구멍하나짜리 펀치

☆ 프로젝트를 매달기 위한 끈이나 털실

과정

- 각 접시의 상단에 구멍을 뚫고 끈을 꿰어 묶도록 한다.
- 재료들을 펼쳐두고 다음과 같이 설명하라. "오늘은 네가 극장에서 본 가면과 같은 두 개의 얼굴을 만들면 좋겠구나. 하나는 행복한 것일 수 있고 다른 하나는 화가 나거나 슬픈 것일 수 있어. 재료는 원하는 것 어느 것이든 사용해도 된단다.
- 마무리를 하면서, 얼굴 밑면에 길고 가느다란 천 조각을 호치키스로 고정시키도록 하라.
- 아동이 작업을 끝내면, 행복하거나, 슬프거나, 화나게 했던 사건들을 목록으로 만들도록 하라. 사건마다 다른 종이에 따로 따로 기록하고, 해당접시에 사건들을 묶*(거나 호치키스로 찍)기 위하여 가느다란 천 조각을 사용하라.*

사후

- 아동이 작업하고 있는 동안 치료적인 대화를 자유롭게 하라.
- 아동이 이 프로젝트를 마무리해 가는 동안 겪은 어려움의 수준에 유의하라.
- 가면의 전반적인 기분을 찾아라. 가면은 각각 독특한 기분을 나타내거나 혼돈이 있는가?
- 각각의 감정에 영향을 미치는 상황이나 사건들이 합당한지 어떤지를 평가하라.
- 완성된 작품은 아동의 나이와 창작기능을 반영하는가?
  (주: 종종 우울하고 퇴행한 아동들을 저항적이라고 간주되는 경우가 있다)

해석

내면 깊은 곳에 있는 감정 : 아동들은 자신의 감정을 말할 때 힘들어 하는 때가 종종 있다. 이 프로젝트는 그림이 기분과 감정을 나타내도록 한다. 아동은 언어로 감정을 표현하는 것보다 신체적인 표현을 통하여 나타내는 것이 더욱 마음 편할 수 있다.

동기이해 : 감정을 일으키는 사건들에 대해 토의하는 것은 아동자신이 느끼는 감정의 동기를 발견하는 방법이 될 수 있다. 이 작업을 통해 왜곡된 사고의 처리와 비현실적인 기대가 드러날 수 있을 것이다.

과정평가 : 다양한 감정을 표현한 얼굴을 활용하면서 당신은 치료과정 중 일어난 변화들에 관해서 아동에게 묻고 싶을지도 모른다. 진행과정과 치료목표에 관해서 아동과 같은 의견인지를 평가하기 위하여 이것을 활용하는 것은 의미있는 일일 것이다.

점토와의 상호작용

점토와의 상호작용

"하늘아래 가장 슬픈 것은 슬퍼할 능력이 없는 사람이다."
Comtesse Catherine de Gasparin

목표

- 촉각적 경험을 제공하여 감정을 표출하도록 돕는다.
- 감정을 표현할 수 있도록 격려한다.
- 분노표출을 가능하게 한다.
- 작품완성을 통해 자기 가치감을 향상시킨다.

재료

☆ 다양한 색의 조소 점토

☆ 작업가능한 단단한 표면

☆ 작업할 공간의 표면을 덮을 플라스틱이나 종이

과정

◆ 아동이 몇 가지 색의 점토를 고르도록 허락하라.

◆ 선택한 점토를 색깔별로 적당한 크기로 잘라서 제공해라.

◆ 점토를 부드럽게 하기 위하여 아동이 능동적으로 치대고 섞도록 안내하라.

◆ 아동이 점토를 가지고 놀거나, 색채를 혼합하거나, 자유롭게 원하는 것은 무엇이든 하도록 허락하라.

사후

⋯› 아동이 작업하고 있는 동안 치료적인 대화를 자유롭게 하라.

⋯› 아동이 만들고 있는 형태는 어떤 것이든지 긍정적으로 반응하라.

⋯› 아동이 점토를 어떻게 다루는지 주시하라. 이해가 빠르거나 진취적이거나 이 두 가지를 다 가지고 있는가?

⋯› 아동이 선택한 점토의 색을 관찰하라. 그것들은 차가운 색채인가? 선명한

색채인가?

⋯→ 아동은 실제적인 작품을 만드는지 카타르시스의 방출만을 위해 오로지 점토를 사용하는지도 유의하라.

해석

접근: 아동이 점토에 접근하는 것을 주의 깊게 관찰하라. 3차원적인 매체들은 몇몇 사람들에겐 위협적일 수 있다. 당신은 점토를 사용하여 아동의 자기 확신을 평가할 수 있을 것이다.

색채 : 색채는 그 당시의 기분을 나타낼 수 있다. 파랑과 검정은 우울을 나타내는 색채일지도 모른다. 빨강과 검정은 노여움과 격노를 나타내는 감정의 결과일 수 있다. 당신의 클라이언트인 아동이 선택한 색채가 자신의 현재 기분을 묘사한 것인지 어떤지를 주목하는 것은 흥미로운 일이다.

감정 : 어떤 아동은 평화롭게 앉아서 아름다운 조각을 만들겠지만, 또 다른 어떤 아동은 카타르시스의 해방을 위해 점토를 사용할 것이다. 그것은 점토를 부드럽게 두드려 친 후 아름다운 것을 창조하기 위한 것일지도 모른다. 점토에 대한 이러한 감정의 반응은 탐구할만한 가치가 있을 것이다.

창작 : 만약 아동이 점토로 작품을 만드는 것을 택한다면, 그는 어떤 유형의 작품을 창조해내는가? 몇몇 아동들은 선택한 색채를 반영하는 하나의 미술작품을 창조해 낼 것이다. 당신은 아동이 만든 창작품의 유형을 평가함으로서 갈등에 대처하는 수준의 정도를 측정할 수 있을 것이다. 우울감에 대처하기 위하여 환상을 이용했던 아동은 추상적인 가상의 인물을 만들기도 할 것이다.

작은 종이가방 인형

작은 종이가방 인형

"희망은 슬픔의 가장 좋은 음악이다."

Unknown

목표

- 근원적인 감정들을 표출하고 다룬다
- 감정들을 표현할 안전한 환경을 만든다
- 역할놀이를 위한 시나리오를 통해 개인의 내적욕구를 탐색한다
- 내적자아를 표현할 기회를 가진다

재료

☆ 종이도시락가방

☆ 다양한 색채의 미술공작용 색판지, 펠트 혹은 포장지*(낭비를 막기 위하여 대략적인 특징의 크기 규격에 맞게 자른)*

☆ 털실, 스티커, 포일(foil), 천 및 세퀸(sequins)과 같은 다양한 기타 장식물

☆ 가위

☆ 흰색 목공본드

☆ 작업가능한 단단한 표면

☆ 작업할 공간의 표면을 덮을 신문, 플라스틱 또는 천

과정

◆ 당신의 클라이언트인 아동 앞에 재료들을 놓아라.

◆ 아동이 어떤 용품이든 모든 재료들을 활용하여 인형을 만들도록 권하라.

◆ 그 인형은 현실의 인물, 가상인물 또는 동물이 될 수 있다.

◆ 인형이 완성되면 아동으로 하여금 그 인형은 누구이고 어떤 특징을 갖고 있는가를 설명하도록 하라.

사후

- 아동이 작업하고 있는 동안 치료적인 대화를 자유롭게 하라.
- 인형의 전체적인 모습을 구체적으로 관찰하라.
- 인형의 표정에 유의하라.
- 인형의 분위기를 유의해서 보라.
- 인형에 대한 아동의 태도를 관찰하라. 당신의 클라이언트인 아동은 자신의 작품에 만족 하는가? 불만족해 하는가?
- 색채와 주제에 대해 주의하여 보라. 인형은 주로 빨강, 파랑 또는 검정과 같은 단색인가?
- 인형의 주제가 조직화된 심상인지 뒤범벅이 되어있는 심상인지 측정하라.
- 만약 인형에 사용한 접착제가 충분히 건조된 것이라면, 인터뷰 중 아동이 그 인형을 가지고 놀이를 하도록 하라.

해석

접근 : 인형작업에 임하는 아동의 과정을 유의해서 보라. 창작하는 것을 염려하거나 불안해하는 아동은 낮은 자존감을 경험하고 있을지도 모른다. 사람들이 프로젝트를 하고 있는 동안에 그들은 자기 자신과의 대화를 하고 있을지도 모른다. 작품을 만드는 과정에 일어나는 자기와의 대화는 치료적으로 활용될 수 있다. 또 다른 아동은 이 프로젝트를 강하게 공격할지도 모르며 이러한 경우에 인형을 만드는 방법에 주의하는 것은 유익할 수도 있다. 이것은 활동 또는 타인에 대한 신뢰와 자기확신의 수준을 나타내는 전조가 되는 징후일 수 있다.

표상 : 이 작은 인형은 누구인가? 모든 미술작업이 그렇듯이 이 인형은 잠재의식의 창조물이며 내적인 갈등을 표출한 것일 수 있다. 무조건적인 사랑을 경험하고 싶거나 또는 실망감이 컸던 사람은 충실한 개를 창조해 낼지도 모른다. 아동은 마음이 편안하거나 희망적인 대인관계를 경험했을 때 호감이 가는 인형을 만들어낼 수 있다. 또한 자신이나 주변 사람들과 부정적인 관계에 노출되어 있을 때는 호감이 덜 가는 인물로 표현될 것이다.

색채와 기분 : 색채들은 때때로 기분의 표현이 된다. 밝은 색채는 에너지를 나타낸데 반하여 파랑색과 같은 차가운 색들은 우울함을 나타내기 위하여 활용될지도 모른다. 눈에 띄는 검정색이나 회색 인형은 우울의 신호일 수 있으며, 대개 빨강 인형은 공격적인 이슈를 암시할 수도 있다.

조직화 : 인형의 전체적인 구성을 살펴보아라. 그것은 확실한 주제를 갖고 있는가? 또는 무질서한 것 같은가? 종종 혼돈상태에 있는 아동들은 인형작업 시작에서부터 많은 감정들을 느낄 수 있으며 고통스러운 심적 갈등을 겪을 수 있다. 이 혼돈은 인형을 만들기 위한 설계와 기획에 반영될 수 있다.

아동의 태도 : 인형에 대한 아동의 태도에 유의하는 것은 내적인 갈등과 자기가치를 통찰할 수 있게 할지 모른다. 인형을 껴안고 완성된 결과에 만족하는 아동은 완성된 인형을 싫어하고 던져버리고자 하는 아동보다 더 높은 자아수용을 가지고 있을 수 있다.

반응 : 인터뷰를 받을 때, 이 인형은 사람의 성격 중 우위를 차지하고 있는 쪽을 나타낼 수 있다. 종종, 어떤 사람은 지나치게 억압되어서 직접적으로 어떤 것을 말 할 수 없을 때 인형을 사용하여 그것을 표현한다. 수동적인 아동은 자신의 인형에게 난폭한 성격을 표현하고, 억압된 아동은 사회적인 규범을 따르지 않는 인형을 창작하기도 한다.

지지집단

"소경이 장애인을 수행할 때, 두 사람은 모두 앞으로만 간다."

Swedish Proverb

고독감은 위기를 수반할 때가 종종 있다. 사람들은 감정에 압도될 때 지지하고자 하는 가족과 자기 자신을 분리하는 경향이 있다. 어떤 사람은 동정하고 싶은 사람들에게 맹목적인 반면에 도움이 필요할 때는 도움을 요청할 기술이 없을 수도 있다.

치료과정에서 우리는 아동이 자신을 사랑하고 지지하는 사람들의 힘을 인정하고 받아들일 수 있도록 도와야 한다. 다음 프로젝트는 아동이 그러한 중요한 사람들을 인지하고 동일시하도록 계획되어 있다.

낙서그림

낙서그림

"사람들이 사는 곳은 각 개인들이 함께하는 쉼터이다."
Irish Proverb

목표

- 지지집단을 동일시한다
- 중요한 사람들의 에너지원과 역할을 탐색한다
- 가족의 역동에 관심을 갖고 대화와 통찰력을 증진한다
- 치료적 매체로서 미술에 대한 저항을 극복한다

재료

☆ 12×18 도화지

☆ 검정 마카펜이나 검정 크레용

☆ 색채가 다른 몇 개의 연필이나, 크레용이나, 마카펜

☆ 작업가능한 단단한 표면

과정

◆ 재료들을 아동 앞에 놓아라.

◆ 당신의 클라이언트인 아동이 종이 위에 간단한 밑그림이 되는 낙서를 하도록 요청하라(당신은 한 장의 낙서에 즉흥적으로 드러난 실례의 핵심을 보고 싶을지도 모른다).

◆ 아동이 밑그림을 끝내면, 밑그림의 모든 부분에 어떤 색으로든지 채색을 하지만 네 개의 구역을 여백으로 남기도록 요청하라.

◆ 채색을 마무리하면, 채색되지 않은 각 구역에 네 명의 중요한 사람 이름들을 기입하도록 요청하라. 기록된 이름은 아동이 알고 있는 사람들이어야 하고 유명 인사들이어서는 안 된다.

사후

- ···› 아동이 작업하고 있는 동안 치료적인 대화를 자유롭게 하라.
- ···› 종이위에 밑그림이 그려질 때 그것의 특성들에 유의하라. 그것이 경솔하게 낙서 된 것인가? 혹은 조심스럽게 된 것인가? 종이의 모든 가장자리가 메워진 것인가 또는 밑그림이 중간에만 있는가?
- ···› 주된 색채의 주제를 관찰하라.
- ···› 색채의 구성과 위치에 유의하라. 그것은 선 안쪽에 두었는가? 혹은 색채를 무분별하게 배치했는가?
- ···› 종이위에 쓰여 진 모든 이름들에 관해서 질문하라.

해석

기초적인 밑그림 : 밑그림 전체를 봄으로서 당신은 정보와 감정을 체계화하는 아동의 능력을 어느 정도 통찰할 수 있을 것이다. 종이의 한 가운데 보존된 밑그림은 정보를 제외하고는 아동이 말하고 싶은 핵심요점에 초점이 맞춰진 사람을 암시할지도 모른다. 지면전체를 차지하며 표현된 사람은 모든 주어진 정보를 포함시킬 필요성을 느낀 어떤 사람일 수도 있다.

색채 주제 : 색채들은 기분을 반영할 때가 종종 있다. 대개는 빨간색의 그림은 공격의 신호이고 파랑과 회색은 우울의 표현일 수 있다.

포함된 이름들 : 당신의 클라이언트인 아동은 자신에게 영향을 미친다고 느낀 사람들을 나타낼 것이다. 포함된 그 이름들은 직계가족인 구성원들을 반영하는 것이 보편적이지만 때로는 가족 구성원의 이름이 제외되기도 한다. 가족원의 이름이 제외된 경우는 그 사람에 대한 불만과 분노의 신호와 관련될 수 있다.

이름의 배치 : 아동들은 대체로 가장 중요한 사람의 이름을 가장 넓은 공간에 둘 것이다. 이름을 어떻게 배치했는지 관찰함으로서 아동은 각 사람으로부터 받은 정서적인 지지수준을 통찰하는 기회를 가질 수 있을 것이다.

가족 나무

가족 나무

"당신의 가족과 사랑은 정원처럼 가꿔져야 한다. 어떠한 관계이든지 발전하고 성장을 계속 유지하도록 하기 위해서는 시간과, 노력과, 마음이 동원되어야 한다."

Kim Rohn

목표

- 가족결속력의 수준을 확인한다
- 가족 구성원과 역할들을 구체적으로 설명한다
- 특별한 가족 구성원과 개개인의 성격에 대해 토론할 기회를 갖는다
- 개성과 특성을 평가할 척도를 제공한다

재료

☆ 12×18 도화지

☆ 마커펜, 크레용, 색연필, 파스텔, 수채화 물감

☆ 검정색 사인펜

☆ 작업가능한 단단한 표면

과정

◆ 아동 앞에 재료들을 놓아라.

◆ 화면의 아래쪽 가까이에 원을 그려라.

◆ "너에게 얼마나 많은 소중한 가족원들이 있는지 생각해보고 각 구성원을 나타낼 원을 그려라"고 권하라.

◆ "각각의 원 안에 가족 구성원을 그려라"고 제안하라.

◆ 그림이 끝나면 그것이 가족 나무같이 보이도록 그림들을 연결하도록 하라.

◆ "너에게 관심과 돌봄을 제공했던 하나 이상의 행동과 그 사람의 이름을 각각의 그림 아래에 기록하라"고 권하라.

◆ 의견을 교류하도록 격려하라.

사후

- 아동이 작업을 하고 있는 동안 치료적인 대화를 자유롭게 하라.
- 전반적인 프로젝트에 접근하는 태도를 주시하라. 아동은 가족 구성을 마지못해서 선택하는가? 아동은 누가 중요한지를 결정할 수 있는가?
- 포함되거나 제외시킨 사람이 누구인지 유의해서 보라.
- 완성된 작품에 대한 아동의 반응을 측정하라.

해석

안정감의 수준 : 당신의 클라이언트인 아동의 편안함의 수준을 측정하라. 아동은 문제를 안고 있거나 가족의 지지를 느끼지 못할 수도 있기 때문에, 가족구성원의 정보를 드러내거나 긍정적인 특성들을 기록하는 것이 불편할 수 있다. 기타 다른 아동들은 충분하고 긍정적인 관계를 나타내는 목록을 가지고 있을 것이다. 당신은 각각의 중요성을 측정하기 위해 기록된 특성들의 질에 주의를 기울이고 싶을 지도 모른다.

포함하고 제외된 사람들 : 포함시키거나 제외시킨 가족구성원들을 통해서 아동이 자신의 갈등에 대처하는 전략들을 확인할 수 있을 것이다. 제외시킨 가족구성원들은 아동이 느끼는 차단된 감정과 관련될 수 있다. 자신을 지지하는 가족에 많은 구성원들을 포함시킨 아동은, 타당하고 무관한 관계들을 구별할 수 있는 능력이 제한적일 수 있으며, 이러한 아동은 누구든지 중요한 관계로 간주할지도 모른다.

완성된 작품에 대한 반응 : 완성된 작품에 대한 아동의 반응을 주시함으로써 당신은 아동의 가족에 대한 전반적인 태도를 이해할 수 있을 것이다. 아동은 각 구성원에 대한 태도를 보완하는 것을 기록했을 수도 있지만 특정한 구성원에 대해 이야기할 때 매우 자유스러운 것처럼 보일지도 모른다. 이것은 어쩌면 가족의 갈등을 내면화한 사람의 반응일 수 있다.

“평범한 날”의 인사장

“평범한 날”의 인사장

*“말 속의 친절은 신뢰를 만들고, 생각이 깊은 친절은 심오함을 만들며,
관심을 기울이는 친절은 사랑을 만든다.”*
Lao Tzu

목표

- 행복한 감동을 경험하게 된다
- 감사의 마음을 표현할 기회를 갖는다
- 창작자와 카드를 받는 사람과의 친밀관계를 형성할 기회를 제공한다
- 창조력을 자극하고 강화한다
- 자기가치감에 영향을 미칠지도 모를 친절함에 감사의 마음을 전한다
- 적절하거나 부적절한 감정들을 표출할 수 있도록 돕는다
- 긍정적인 관계를 수립한다

재료

☆ 색채가 있는 미술공작용 색판지

☆ 페인트, 마커펜, 파스텔, 크레용 혹은 색연필

☆ 스티커, 천 조각, 채색된 포일(foil), 철심 및 리본과 같은 장식물

☆ 흰색 목공본드

☆ 가위

☆ 첨부한 인사말 복사, 아동이 만든 사본

☆ 작업가능한 단단한 표면

☆ 작업표면을 덮을 종이나, 천이나, 플라스틱

과정

◆ 아동 앞에 재료들을 놓아라.

◆ “오늘 너는 인사장을 만들 거야. 만든 인사장은 네가 원하는 사람 누구에게나 줄 수 있어. 이 카드는 생일과 같은 특별한 경우가 아니라 평범한 날을

위한 것이야"라고 설명하라.

- 당신의 클라이언트인 아동에게 카드를 디자인하도록 하라.
- 아동은 이미 준비되어있는 인사말을 활용하거나 카드 안에 자신만의 인사말을 작성할 것이다.
- 카드의 모든 양상들에 대해 토의하라.

사후

- 아동이 작업을 하고 있는 동안 치료적인 대화를 자유롭게 하라.
- 아동이 말하는 카드에 관련된 이야기에 유의하라. 몇몇 사람은 실제로 카드를 전달하고 싶지 않을지도 모른다.
- 카드를 받는 사람으로 선택된 친구나 가족구성원은 누구인가?
- 전반적인 카드의 색채와 분위기를 관찰하라. 그것은 이 경우에 적절한가?
- 카드 안의 인사말에 대해 관심을 갖고 눈여겨보라

해석

카드다루는 방법 : 아동이 프로젝트에 접근하는 태도를 유의하여 지켜봄으로써 아동의 자기표현 능력을 평가할 수 있을 것이다. 이 카드를 누구에게 줄 것인지에 대해 갈등하거나 카드를 받을 그 사람이 어떻게 반응할 지에 대해 염려하는 아동은 낮은 자존감을 가지고 있을 수 있다. 카드를 받을 누군가를 쉽게 생각해내는 아동은 매우 긍정적인 지지망을 가지고 있는 아동일 것이다.

색채와 분위기 : 색채는 기분이나 마음가짐을 반영한다. 아버지로부터 유기된 감정을 가진 한 어린 소년은 대부분 부재중인 자신의 아버지를 위해 빨강색과 검정색의 카드를 만들지도 모른다. 이것은 그가 아버지로부터 버림받은 것에 대한 분노와 화의 감정을 담은 표현의 산물일 수 있다.

카드를 받은 사람 : 카드를 받은 사람은 대부분 아동이 가장 튼튼한 지지체계로 느끼는 사람일 것이다. 치료적 탐구를 통해서 아동은 사랑과 수용에 대한 긍정적인

감정을 깨닫게 될 것이다.

인사말 : 인사말 속의 항목들을 토론하는 일은 사랑과 긍정에 대한 아동 자신의 관점을 발견하도록 도울 것이다. 이것을 통해서 아동의 채워지지 않는 절박한 욕구를 통찰할 수 있을 것이다. 어떤 아동은 별 관계가 없는 어떤 사람과의 관계를 중요하다고 여길지도 모르며, 이것은 나약한 지지체계나 무질서한 인지와 관련될지도 모른다.

사랑하는 ________________________ 님 에게

저는 ____ 라고 생각했어요.

이 카드를 쓴 동기는 ____

____ 이어요.

당신은 ____

때문에 제가 가장 좋아하는 사람들 중 한 분이에요.

평소에 자주 연락하기로 해요!

심중에 남아 있는 플란넬보드

심중에 남아 있는 플란넬보드

"진정으로 당신의 가족을 연결하는 유대는 혈연이 아니라
서로의 삶속에 있는 존경과 기쁨이다."
Richard Bach

목표

- 지지체계를 마련한다
- 아동에게 의미 있는 다른 사람들에 대해 알게 된다
- 숨겨졌던 가정환경을 노출시킨다
- 가족의 역동을 조사한다
- 생태도를 만듦으로써 가족환경에 대한 탐색의 기회를 가진다

재료

☆ 윤곽의 비슷한 크기로 자른 연한 색채의 정사각형 펠트들
☆ 대략 12×18크기의 플란넬 천 큰 것 1장
☆ 색 마커펜
☆ 가위(당신은 어린 아동들을 위해 모양들을 자르고 싶을지도 모른다)
☆ 작업가능한 단단한 표면

과정

- 아동 앞에 재료들을 펼쳐 놓아라
- 아동이 자신의 가족 각 구성원을 가장 잘 묘사한 펠트 인물을 그려서 자르도록 요청하라
- 각 인물을 세부적으로 묘사하기 위하여 마커펜을 사용하도록 권하라.
- 아동이 여분의 펠트를 활용하여 가구들을 만들게 하라.
- 아동이 자신의 집에 위치한 각 방의 설계도를 그리도록 하기 위하여 펠트 인물들을 이용하도록 안내하라.
- 이들 활동과 관련된 감정과 가족 구성원들의 일상적인 일들에 대해 토의하라.

사후

- 가족의 일상적인 일들에 대해 이야기하는 아동의 태도를 관찰하라.
- 아동이 그린 가족인물과 가족 각 구성원의 세부 유형들에 대해 유의하라.
- 각 방과 그 방에서 일어난 사건과 활동들에 대해 토의하라.
- 가정에서 일어난 활동들의 유형과 그러한 사건들을 둘러싸고 있는 아동의 감정들에 대해 토의하라.

해석

전반적인 집설계도 : 집설계의 전반적인 배치를 유의해서 보라. 어수선한 집인가? 많은 사람들이 비교적 작은 생활공간을 공유하고 있는가? 그것은 아동이 분주한 집안에서 어찌할 바를 모르거나 바라다보고 있는 것인지도 모른다. 정돈되고 흐트러짐이 없는 가정은 엄격한 양육스타일의 결과일 수도 있다.

가족의 일상적인 일 : 가족의 일상적인 일에 대해 토의하라. 그것은 다소 무질서한가? 회피적이거나 물질남용을 하는 부모는 가정에서 무질서의 원인일 수 있다. 집안의 규칙과 기대하고 요구하는 것에 대한 토의를 통해서 당신은 부모의 양육스타일과 아동에게 미친 그 영향을 측정할 수 있을 것이다. 매우 정돈되고 규칙적인 일상적인 일과 관련된 이미지에 포함되어 있는 메시지는, 아동이 부모의 높은 기대에 부응해야 하는 압력과 아동자신이 느끼고 있는 부모의 지시적인 양육스타일과 관련된 결과일 것이다.

개인적인 공간 : 토론을 통해서 당신은 아동이 사적인 공간을 어떻게 찾는가를 평가할 수 있을 것이다. 사적인 공간은 아동에게 주어지는가 혹은 아동이 그것을 차지하는가? 집안에 아동의 사적인 공간은 있는가 또는 아동이 자신의 생각대로 사적인 공간을 갖기 위하여 집을 떠날 필요가 있는가?

가족의 역 동 : 가족관계에 대한 토론을 통하여 당신은, 아동의 가족이 연합되어 있는지 측정할 수 있을 뿐만 아니라 또한 가족의 역할을 측정할 수 있을 것이다. 만약 아동이 하지 않은 일들에 대해서 부모로부터 지속적이고 반복적인 꾸지람을 듣고

있고 화풀이의 대상이 되고 있다면, 그 아동은 가족의 희생양일 수 있다. 그것은 아동이 자기 어머니의 행복에 대해 책임을 느끼는 일이 될 것이며 상호의존적 결과를 가져오게 되는 현상의 신호일지도 모른다.

아동의 반응 : 가족에 대한 아동의 감정반응을 이해하는 것은 아동이 경험한 과거의 상처와 현재의 기대에 관해서 이해할 수 있는 기회가 될 것이다. 가족이 자신을 무시한다고 느끼고 있는 아동은 자신과 관련된 가족이나 사람들에 대하여 이야기하고 싶지 않을 수도 있다. 이것은 감정의 차단이거나 우울의 신호와 관련이 있을 수 있다.

가족 콜라주

Family Collage
Dad
Emily
Mom
Family Collage
Spencer
Emily
Mom
Dad

가족 콜라주

"가족들은, 가족 내에서 각 개인의 특성적인 차이가 존중되고, 실수가 관대히 다뤄지고, 의사소통이 자유롭고, 융통성 있는 규칙을 가진 그러한 양육적인 가정의 분위기에서만이 건강한 자기 가치감을 느낄 수 있을 것이다."

Virginia Satir

목표

- 응집적인 가족관계를 형성할 기회가 된다
- 가족구성원들을 개별화 한다
- 가족구성원들 서로가 각 개인의 성격특성에 대해 이해하게 된다

재료

☆ 첨부한 페이지의 사본

☆ 색연필, 크레용 혹은 마커펜

☆ 작업가능한 단단한 표면

과정

◇ 아동 앞에 재료들을 놓아라.

◇ "각각의 원안에 가족구성원을 그리고 중앙에는 너 자신을 그려라,"고 안내하라.

◇ 아동이 인접한 원 옆에 각 가족구성원의 이름을 기록하도록 요청하라.

◇ 아동에게 첫 번째 수직으로 연결된 열에 각 사람의 이름 첫머리글자를 기록하도록 하라.

◇ 중앙의 각 열에 각 이름의 머리글자와 관련된 기술어를 기록도록 하라.

◇ 마지막 열에 자신의 이름을 기록하도록 하라.

사후

→ 아동이 작업을 하고 있는 동안 치료적인 대화를 자유롭게 하라.

- ⋯› 아동이 가족구성원들을 배치하면서 표현되는 편안함과 불편함에 유의하라.
- ⋯› 아동이 각 사람을 기술하기 위하여 기술어들을 찾을때 편안해 하는지 힘들어 하는지 유의하라.
- ⋯› 관계들을 유의해서 보라. 서로 가까운가? 혹은 멀리 있는가?

해석

포함되거나 제외된 사람들 : 그림 속에 누가 포함되는지에 대해 유의하라. 아동의 직계가족 모든 구성원들이 포함되는가? 고인이거나 부재중인 친척을 포함시켰는가? 만약 그렇다면 슬픈 내용을 담고 있는 그 이슈들은 아동의 미해결된 과제와 관련된 것일지도 모른다. 직계가족이 아닌 다른 사람들은 아동을 상처 입혔던 가족구성원을 배제하기 위한 선택일 수 있으며, 이것은 가족 간의 정서적 접촉이 차단된 결과의 징후일 수 있다.

기술된 언어들 : 아동이 가족구성원 각각을 기술하기 위하여 사용한 말들에 유의하라. 만약 아동이 긍정적인 진술을 생각해내는데 어려움을 갖고 있다면 그것은 학대나 감정의 차단을 알리는 신호일 것이다. 다른 아동들은 각 가족구성원을 기술하기 위한 말들을 생각해내는데 어려움을 갖고 있을 수도 있으며 이것은 낮은 자존감의 징후일 수 있다.

관계유형 : 표현된 인물들이 아동의 가족구성원과 가까운 관계인 집안친척인지 살펴보라. 만약 아동이 숙부, 숙모, 수양부모를 보호자로 포함시켰다면 이것은 가족이 정신적 충격을 경험했다는 신호일 수 있다. 미해결된 슬픔의 이슈들이 이 상황에서 발생할 수도 있다.

가족 콜라주 형판

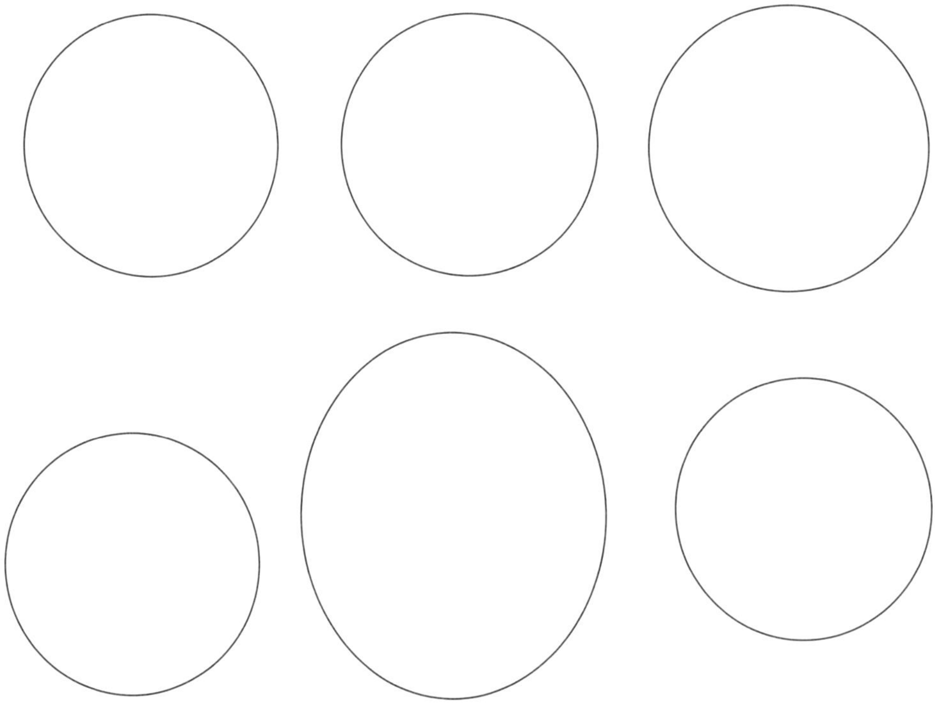

자화상

각 가족 구성원의 이름을 일람표로 만들어라. 각 가족 구성원을 기술할 긍정적인 언어 하나를 사용하라.

머리글자	기술어	관계

"지금 남아있는 것은, 심연에 있는 그 자체로부터의 치유
즉 사랑의 회복이다."
Deepak Chopra

"비록 세상이 고통으로 가득 차 있다 하더라도,
그것은 또한 그것을 극복할 수 있는 것으로 가득 차 있다."
Helen Keller

역자 약력

옥 금 자

서울여자대학교 대학원에서 석사학위를 받고 부산대학교 대학원에서 사회복지실천전공 박사과정을 수료했으며, 서울대상관계정신분석연구소를 졸업하였다. 현재 한국표현예술심리치료학회장과 한국표현예술심리치료협회 광주호남지부장을 역임하면서, 학교미술치료연구회 대표, 명지대학원 예술치료학과 겸임교수, 숙명여자대학교 평생교육원 미술치료과정 책임교수로 있다.

저서와 역서는 청소년임상미술치료방법론, 집단미술치료방법론 I(이론과 기법), 집단미술치료 방법론 II(임상적 실제), 미술치료평가방법의 이론과 실제, 학교미술치료의 실제, 표현예술치료로 만나는 정신건강이야기, 학교표현예술치료, 위기의 아동청소년을 위한 학교미술치료지침서 등이 있다.

모든 연령의 아동을 위한 미술치료

초판인쇄일	2010년 5월 20일
초판발행일	2010년 5월 28일
저 자	Herbert I. Abrams & Heather Pearman
역 자	옥 금 자
발 행 인	오 무 근
편 집	림디자인
마 케 팅	임 진 만
도서출판	하나의학사
펴 낸 곳	서울시 종로구 홍파동 13-4 한솔빌딩 1층
출판등록	제 2-541호(1988. 4. 1)
전 화	(02)730-2555, 2556
팩 스	(02)730-2557
E-mail	hanampc@yahoo.co.kr

※ 저자와 합의로 인지 생략 **정가 16,000원**
※ 잘못된 책은 구입처에서 교환해 드립니다.

ISBN 978-89-92141-48-3-93510